Grundschule

Melanie Mroz

Lapbook Haustiere

Verschiedene Haustiere kreativ erarbeiten

Lernen mit Erfolg
KOHL VERLAG
www.kohlverlag.de

Lapbook Haustiere

Verschiedene Haustiere kreativ erarbeiten

1. Auflage 2024

Idee und Text: Melanie Mroz
Coverbilder: © Eric Isselée – AdobeStock.com
Redaktion: Kohl-Verlag
Grafik & Satz: Tatjana Wörner & Kohl-Verlag
Druck: farbo prepress GmbH, Köln

Bestell-Nr. 12 883

ISBN: 978-3-98558-287-7

Bildquellen: © AdobeStock.com

S. 2: Africa Studio; **S. 3:** snapgalleria; **S. 7:** snapgalleria; **S. 11-55:** Iuliia; **S. 11:** a7880ss, Ирина Гутыряк; **S. 12:** Andrey Kuzmin, Nynke; **S. 13:** kharlamova_lv, a7880ss; **S. 15:** bazzier, DoraZett; **S. 16:** AldanNa, sunt, bazzier; **S. 17:** bazzier, AldanNa; **S. 18:** tigatelu, Leh, kharlamova_lv; **S. 19-21:** VectorBum; **S. 22:** veryolive, VectorBum; **S. 23:** Nynke; **S. 24:** Iryna Lozovytska, paper_owl; **S. 25:** Eric Isselée, denis08131; **S. 26-28:** denis08131; **S. 29:** arlee; **S. 31:** Riki; **S. 32:** denis08131, Riki; **S. 33:** Eric Isselée, Hanna Haradzetska; **S. 36:** Galyna, Hanna Haradzetska; **S. 37:** Nattaya (2x), SunnyColoring, Hanna Haradzetska, Knut; **S. 38:** dule964; **S. 39-41:** Shvetsova Yulia; **S. 42:** Eric Isselée, Shvetsova Yulia; **S. 43:** renko_art; **S. 44-45:** ONYXprj; **S. 46:** ONYXprj, Oleg Kozlov; **S. 48:** Farinoza, ONYXprj; **S. 49:** Lexi Claus; **S. 50-53:** sommai, cottidie; **S. 54:** Designfly, meastudios, Sumondesigner_42, Bappaditya Roy, Mohammad Selim, Z Unique stock, Waqar, Igor Zakowski; **S. 55:** Artisticeyes, abbydesign (3x), Monotosh, Sumondesigner_42, rosinka, Juwel; **S. 57:** kharlamova_lv; **S. 59:** kharlamova_lv, Leh; **S. 60:** Iryna Lozovytska; **S. 62:** Riki; **S. 64:** Nattaya (2x), SunnyColoring, Hanna Haradzetska, Knut; **S. 65:** renko_art; **S. 67:** Lexi Claus

Unsere Lizenzmodelle

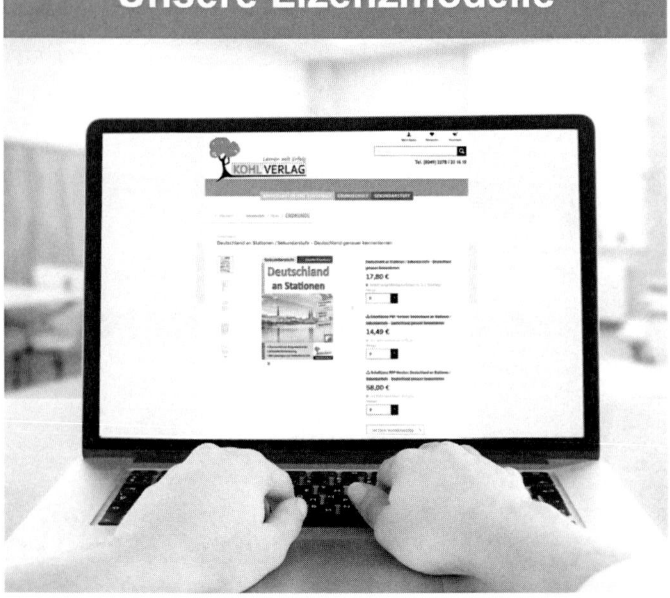

Der vorliegende Band ist eine Print-Einzellizenz

Sie wollen unsere Kopiervorlagen auch digital nutzen? Kein Problem – fast das gesamte KOHL-Sortiment ist auch sofort als PDF-Download erhältlich! Wir haben verschiedene Lizenzmodelle zur Auswahl:

	Print-Version	PDF-Einzellizenz	PDF-Schullizenz	Kombipaket Print & PDF-Einzellizenz	Kombipaket Print & PDF-Schullizenz
Unbefristete Nutzung der Materialien	x	x	x	x	x
Vervielfältigung, Weitergabe und Einsatz der Materialien im eigenen Unterricht	x	x	x	x	x
Nutzung der Materialien durch alle Lehrkräfte des Kollegiums an der lizenzierten Schule			x		x
Einstellen des Materials im Intranet oder Schulserver der Institution			x		x

Die erweiterten Lizenzmodelle zu diesem Titel sind jederzeit im Online-Shop unter www.kohlverlag.de erhältlich.

Inhalt

KOHL VERLAG
LAPBOOK HAUSTIERE
Verschiedene Haustiere kreativ erarbeiten – Bestell-Nr. 12 883

Vorwort

In der letzten Zeit ist es recht modern, im Unterricht Lapbooks einzusetzen. Aber was sind Lapbooks überhaupt? Anhand von Lapbooks können Kinder ihre individuellen Lernergebnisse auf eine ansprechende Art präsentieren. Neben der Beschäftigung mit einzelnen Themen, sind die Kleinen auch mit Basteln, Kleben, Schreiben und Verzieren beschäftigt, was auf eine spielerische Art und Weise auch die Feinmotorik fördert.
Im vorliegenden Buch sind Vorlagen zum Thema „Haustiere" zu finden. Mit deren Hilfe können die Kinder kreativ in Eigenarbeit – entweder alleine oder in Gruppenarbeit – Lapbooks erstellen. Dies bietet sich hervorragend für Stationentage, offenes Lernen oder als Präsentation bei Kinder-Eltern-Lehrpersonen-Gesprächen an. Dabei werden – je nach Kreativität und Geschick – fertige Kopiervorlagen verwendet und diese ausgeschnitten und zusammengeklebt oder selbst ausgefüllt, bis hin zum eigenständigen Entwerfen von Laschen, Taschen und sonstigen Elementen. Die Ergebnisse können beurteilt und an die Kinder rückgemeldet werden, ebenso ist die Möglichkeit für die Kinder vorhanden, ihr eigenes Werk selbst einzuschätzen – dazu gibt es im Buch Bewertungsbögen. Im Sinne der Wertschätzung der Werke der Kinder können die fertigen Exemplare auch in einer Art Ausstellung für die gesamte Schule vorgestellt werden – den jeweils eigenen Ideen sind dabei keinerlei Grenzen gesetzt.

Was benötige ich eigentlich für ein Lapbook?

- eine Schere
- Klebstoff
- Klebeband
- einen bunten DIN B2 Bogen (oder ein anderes Maß – dann könnten zur Erweiterung eventuell Pappstreifen angeklebt oder nur ausgewählte Bastelelemente verwendet werden)
- verschiedene Stifte, wie Bunt-, Filz- und Bleistifte
- eine Klarsichtshülle, um bereits ausgeschnittene Papierteile gut verwahren zu können
- zum Thema passende Sticker, Stanzteile, ausgeschnittene Bilder ...

Versuche bei deinen Schneide- und Klebearbeiten genau und sauber zu arbeiten. Je mehr Mühe du dir gibst, desto schöner wird dein Ergebnis. Es wird dir sicher viel Spaß bereiten, das Lapbook zu erstellen, und – was das Beste daran ist – du wirst sicher viel dabei lernen.

Viel Freude beim Erstellen wünschen der Kohl-Verlag und

Melanie Mroz

So schätze ich mein Lapbook selbst ein

Name: ______________________

Meine Arbeitsweise

☺ 😐 ☹	Ich habe ohne Hilfe gearbeitet.
☺ 😐 ☹	Ich war sehr ausdauernd und konzentriert.

☺ 😐 ☹	Ich hatte gute Lösungsansätze bei Problemen.
☺ 😐 ☹	Bei Gruppenarbeiten habe ich mich als tolles Teammitglied gezeigt.

Meine Gestaltung

☺ 😐 ☹	Meine Schneide-, Falt- und Klebearbeiten habe ich sauber ausgeführt.
☺ 😐 ☹	Meine Minibücher und Klapptexte sind logisch angeordnet.

☺ 😐 ☹	Meine Schrift und Gestaltung sind sehr sauber.
☺ 😐 ☹	Meine Ausführung ist zum Thema passend.

Meine Inhalte

☺ 😐 ☹	Ich kenne viele Informationen zum Thema.
☺ 😐 ☹	Ich habe alle Pflichtthemen bearbeitet.

☺ 😐 ☹	Ich habe die Informationen sinnvoll und richtig dargestellt.
☺ 😐 ☹	Ich habe eigene Inhalte und Ideen ergänzt.

Was ist an meinem Lapbook besonders?
Welche Arbeit hat mir besonders gefallen?

KOHL VERLAG
LAPBOOK HAUSTIERE
Verschiedene Haustiere kreativ erarbeiten – Bestell-Nr. 12 883

Die Gestaltung deines Lapbooks

Name: ______________________

Deine Arbeitsweise

☺ 😐 ☹	Du hast ohne Hilfe gearbeitet.	☺ 😐 ☹	Du hattest gute Lösungsansätze bei Problemen.
☺ 😐 ☹	Du warst sehr ausdauernd und konzentriert.	☺ 😐 ☹	Bei Gruppenarbeiten hast du dich als tolles Teammitglied gezeigt.

Deine Gestaltung

☺ 😐 ☹	Deine Schneide-, Falt- und Klebearbeiten hast du sauber ausgeführt.	☺ 😐 ☹	Deine Schrift und Gestaltung sind sehr sauber.
☺ 😐 ☹	Deine Minibücher und Klapptexte sind logisch angeordnet.	☺ 😐 ☹	Deine Ausführung ist zum Thema passend.

Deine Inhalte

☺ 😐 ☹	Du kennst viele Informationen zum Thema.	☺ 😐 ☹	Du hast die Informationen sinnvoll und richtig dargestellt.
☺ 😐 ☹	Du hast alle Pflichtthemen bearbeitet.	☺ 😐 ☹	Du hast eigene Inhalte und Ideen ergänzt.

Was ist an deinem Lapbook besonders?

Was ich dir dazu noch rückmelden möchte:

LAPBOOK HAUSTIERE
Verschiedene Haustiere kreativ erarbeiten – Bestell-Nr. 12 883
KOHL VERLAG

Mein Haustier-Lapbook

Name: ______________________

Dieses Titelblatt kann auf DIN A3 kopiert, ausgeschnitten und mittig auf das zusammengeklappte Lapbook aufgeklebt werden. Anschließend wird das Titelbild noch in der Mitte durchgeschnitten.

LAPBOOK HAUSTIERE
Verschiedene Haustiere kreativ erarbeiten – Bestell-Nr. 12 883
KOHL VERLAG

Die Hauskatze

Schneide die Fahnen an der gestrichelten Linie aus. Ergänze die Texte. Hefte sie dann zusammen. Schneide auch den Umschlag auf Seite 11 aus, falte ihn und klebe ihn an dein Lapbook. Hier findest du die Lösungswörter, die du auf die Zeilen im Text eintragen sollst:

Wasser • Krallen • Licht • 63-67 • reinliche • sauber • 3,5 bis 5,5 kg • blind und taub • gestresst • Stacheln • ein- und ausfahren • Zucker • schnurren • Fleischfresser • streichelt • finster • Mäuse • nachtaktive • faucht • Kratzbaum • 50 cm • Kamm • reinigen • langsamer • sehr hohe Töne

Katzen sind sehr ________________ Tiere. Sie möchten, dass der Platz, wo sie leben ________________ bleibt und decken daher ihren Urin und ihren Kot zu. Außerhalb ihres Reviers tun sie das nicht, denn dort sagen ihre Duftmarken anderen Katzen, dass sie dagewesen sind.

Die Hauskatze hatte früher eine sehr wichtige Aufgabe: Sie sollte die ______________ jagen und fressen, weil die sich über die Vorräte der Menschen hermachten. Die Katze ist also ein ______________________.

Katzen sind __________________________ Tiere, deshalb müssen sie im Dunkeln sehen können. Wenn es _____________ ist, können Katzen immer noch sehen. Ihre Augen sind im Inneren wie Spiegel und reflektieren auch noch ganz schwaches ____________. Darum „leuchten" ihre Augen bei Nacht.

LAPBOOK HAUSTIERE
Verschiedene Haustiere kreativ erarbeiten – Bestell-Nr. 12 883
KOHL VERLAG

Die Hauskatze

Katzen mögen es, wenn man sie ____________________.
Wenn sie sich wohlfühlen, dann ________________ sie. Verärgert man eine Katze, dann ______________ sie zuerst und zeigt dann ihre Krallen, um sich zu wehren. Katzen können ihre Krallen _________________________________. Die Krallen benötigen sie auch, um auf Bäume zu klettern.

Katzen haben eine Körperlänge von etwa ________________ und wiegen im Durchschnitt ________________________. Der Schwanz ist 25–30 cm lang. Je nach Rasse können Katzen auch deutlich größer, kleiner, leichter oder schwerer sein.

Die __________________ benötigen Katzen auch, um ihre Beute zu fangen. Sie müssen sie immer wieder schärfen, darum zerkratzen sie zu Hause auch oft Möbel. Daher benötigen die Tiere einen ______________________.

Katzen haben eine lange, raue Zunge mit hunderten von kleinen, weichen _________________. Die Stacheln haben viele Vorteile und helfen nicht nur beim Schmecken, sondern verhalten sich beim Putzen des Fells wie ein _____________. Sie helfen beim Trinken, das Wasser ins Maul zu befördern.

KOHL VERLAG LAPBOOK HAUSTIERE Verschiedene Haustiere kreativ erarbeiten – Bestell-Nr. 12 883

Die Hauskatze

Katzen putzen sich mit ihrer Zunge und ihren Pfoten. Auf diese Weise ________________ sie ihr Fell. Sie tun das aber auch, um sich zu beruhigen. Zum Beispiel, wenn sie ________________ sind oder nachdem sie mit einem anderen Tier gekämpft haben.

Katzen haben ein sehr empfindsames Gehör. Sie können vor allem ____________________________ hören, zum Beispiel das Fiepen von Mäusen. Katzen können nicht „süß" schmecken. Außerdem kann ________________ bei ihnen schwere gesundheitliche Probleme auslösen.

Die meisten Katzen mögen kein ____________________, ja, sie haben sogar Angst davor. Das liegt daran, dass sie kein wasserdichtes Fell haben. Das Wasser kann nicht gut abtropfen, darum wird ihnen schnell kalt und sie sind ____________________, weil nasses Fell schwerer ist.

Nach der Paarung dauert es ___________________ Tage, bis 2–6 Kätzchen geboren werden. Sie sind zuerst ____________________________. In den ersten vier bis acht Wochen werden sie von der Mutter gesäugt. Nach 12–15 Monaten sind sie ausgewachsen.

KOHL VERLAG LAPBOOK HAUSTIERE Verschiedene Haustiere kreativ erarbeiten – Bestell-Nr. 12 883

Die Hauskatze

Klebelasche

Hier an das
Lapbook
ankleben.

Klebelasche

Die Katze

Interessante Fakten zur Katze

Schneide das Leporello an der gestrichelten Linie aus und falte es wie eine Ziehharmonika. Ergänze die Texte mit den folgenden Begriffen. Klebe das Leporello an dein Lapbook.

Wasser • Hundekatze • Kaffee • überfüttert •
Kot • 700 Euro • verboten

Interessante Fakten zur Katze

Im Jahr 1986 wurde im Buch der Rekorde die schwerste Hauskatze gekürt. Es war ein Kater namens „Himmy" und wog 21,3 kg. Damit Tiere in Zukunft aber geschützt und nicht ________________ werden, werden solche Rekorde nicht mehr akzeptiert.

Ob du es glaubst oder nicht: Die Schleichkatze produziert den teuersten __________ der Welt. Sie frisst die Bohnen, die dann durch ihren Darm wandern und mit ihrem ______ ausgeschieden werden. Dabei werden sie „veredelt". Obwohl das ziemlich ekelig klingt, kostet 1 kg des Kaffees knapp _____________. Pro Jahr werden nur etwa 230 kg hergestellt.

Es gibt eine Rasse, die keinen Schwanz besitzt: die Manxkatze. Davon abgesehen haben nur die keinen, die ihn bei einem Kampf oder bei einem Unfall verloren haben. Da diese Katzen große gesundheitliche Probleme haben, ist die Zucht dieser Katzen ______________.

Als größte Hauskatzenart der Welt gilt im Moment die Maine Coon mit einer Länge (inklusive Schwanz) von 123 cm. Diese riesige Katze kann bis zu 12kg schwer werden. Da sie eine sehr anhängliche Katze ist, wird sie auch ________________ genannt. Maine Coons haben keine Scheu vor __________ und spielen oft damit. Ebenso tunken sie ihre Nahrung oft hinein. Deshalb erinnert ihr Name an „Racoon", das englische Wort für „Waschbär".

Die Rückseite dieses Feldes an das Lapbook ankleben.

LAPBOOK HAUSTIERE
Verschiedene Haustiere kreativ erarbeiten – Bestell-Nr. 12 883
KOHL VERLAG

Die Hauskatze – Paarsuche

Schneide das Bild aus. Du findest bestimmt die zwei identischen Katzen und sicherlich auch die zwölf Fische, die sich im Bild versteckt haben. Falte das Bild zweimal nach innen. Klebe die Rückseite einer Fläche an dein Lapbook. Auf der Fläche der Oberseite kannst du „Die Hauskatze – Paarsuche" aufschreiben und gestalten. Viel Spaß!

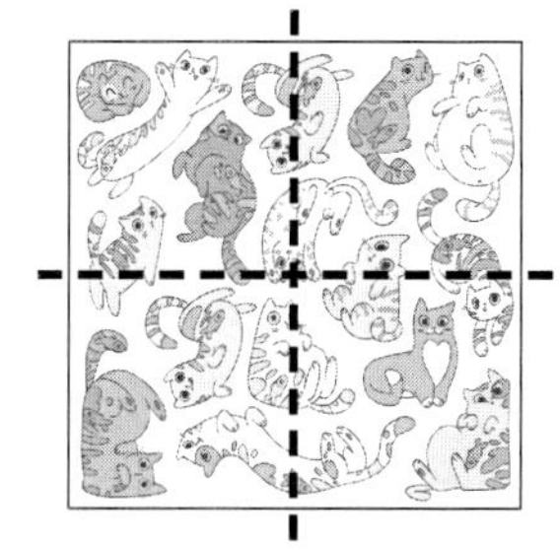

Der Hund

Schneide das Leporello auf der nächsten Seite an der gestrichelten Linie aus. Knicke es an den durchgezogenen Linien und falte es wie eine Ziehharmonika. Schneide die Kästchen mit den Texten aus und klebe sie auf die Flächen. Hier findest du die Lösungswörter, die auf den Zeilen eingetragen werden sollen:

Duftpartikel • Reißzahn • 42 • Fleisch • Verletzungen • größte • feucht • Freund • Unterfell • hecheln • Schweißdrüsen • Auslauf • Allesfresser • 90 kg • Chihuahua • Oberfläche • 15 cm • Backenzähne • Fingerabdruck • schwitzen

Man sagt, dass der Hund der beste ______________ des Menschen ist. Er braucht sehr viel Zuwendung, Pflege und Platz. Hunde müssen täglich viel ______________ bekommen. Sie sind ______________, fressen aber am liebsten ____________.

Der ____________ Hund ist die Deutsche Dogge. Die Rasse kann bis zu 86 cm groß (Schulterhöhe) und über ____________ schwer werden. Der kleinste Hund ist der ______________. Er wird nur __________ groß und 1,5 bis 3 kg schwer. Weltweit gibt es mehrere hundert Hunderassen.

Hunde haben ______ Zähne. Im Ober- und Unterkiefer sitzen jeweils links und rechts drei Schneidezähne, ein Eckzahn und vier ______________. Bei den Backenzähnen gibt es eine Besonderheit: jeweils der drittletzte ist ein besonders kräftiger Zahn, der ____________ genannt wird.

So einzigartig wie der ______________ eines Menschen ist, ist die Nase eines Hundes durch ihre ______________. Dadurch, dass die Nase des Vierbeiners __________ ist, kann er besser riechen. ______________, die durch die Luft schweben, haften besser an feuchten Oberflächen.

Anders als Menschen können Hunde nicht über ihre Haut ____________. Ihre ______________ befinden sich in den Ballen unter ihren Pfoten. Außerdem kühlen sie sich ab, indem sie ____________. Sie atmen kühle Luft ein und lassen die erwärmte Luft aus ihrem Körper nach draußen.

Das Fell schützt unsere Fellfreunde vor Kälte und ______________, und leitet Wasser ab. Zusätzlich zum Deckhaar können Hunde auch ein ____________ haben. Es beginnt im Herbst zu wachsen, um vor der Kälte im Winter zu schützen. Im Frühling verlieren sie es wieder.

KOHL VERLAG
LAPBOOK HAUSTIERE
Verschiedene Haustiere kreativ erarbeiten – Bestell-Nr. 12 883

Der Hund

Der Hund

Hier an das Lapbook ankleben.

LAPBOOK HAUSTIERE
Verschiedene Haustiere kreativ erarbeiten – Bestell-Nr. 12 883
KOHL VERLAG

Fähigkeiten und Sinne des Hundes

Schneide die Wolken an der gestrichelten Linie aus. Falte sie an den durchgezogenen Linien und klebe jeweils die Klebeflächen übereinander. Zum Schluss klebst du das Büchlein an dessen letzter Rückseite in dein Lapbook. Hier findest du die Lösungswörter, die du auf die Zeilen schreiben sollst:

Gesichtsausdrücke • Spürhunde • beweglich • 1 km • Bewegungen • Geruchssinn • 20 km • Blau und Gelb

Fähigkeiten und Sinne des Hundes

Hunde besitzen einen außergewöhnlich guten ______________________. Sie haben bis zu 300 Millionen Riechzellen, Menschen haben nur fünf Millionen. Deshalb werden sie auch häufig als ______________________ eingesetzt. Man hat herausgefunden, dass sie Gegenstände oder Menschen sogar noch in einer Entfernung von __________ riechen können. Man kann sie sogar darauf trainieren, Krankheiten zu riechen.

LAPBOOK HAUSTIERE
Verschiedene Haustiere kreativ erarbeiten – Bestell-Nr. 12 883
KOHL VERLAG

Fähigkeiten und Sinne des Hundes

Hunde haben ein ausgezeichnetes Gehör. Sie hören tiefere und vor allem höhere Töne als wir Menschen. Die Hörweite eines Hundes kann bis zu __________ betragen. Ihre Ohren sind sehr ______________________, daher können sie schnell in die Richtung drehen, aus der Geräusche kommen.

Der Sehsinn der Hunde ist nicht so gut ausgeprägt. Am besten sehen sie ___________________________. Da ihnen die Sehzellen für Rot fehlen, sehen sie stattdessen Grau. Vor allem können unsere pelzigen Freunde _________________________ gut wahrnehmen. Dinge, die sich nicht bewegen, können sie nicht so gut erkennen.

Hunde verfügen über mehr als 100 ____________________________, bei denen die Ohren eine große Rolle spielen. Die meisten davon sind wohl als „Ich bin so arm, ich muss was essen. Gibst du mir ein Leckerli?" zu werten.

Der Hund – Knochensuche

Schneide die Formen aus. Klebe die zwei Rätsel in die Mitte der Form. Kannst du den Hunden helfen, den Knochen zu finden? Klebe das Heftchen in dein Lapbook.

Hier an das Lapbook ankleben.

Der Hund – Spurensuche

LAPBOOK HAUSTIERE
Verschiedene Haustiere kreativ erarbeiten – Bestell-Nr. 12 883
KOHL VERLAG

Der Hamster

Schneide die Formen an der gestrichelten Linie aus. Ergänze die Texte. Hefte sie dann zusammen. Schneide auch den Umschlag auf Seite 22 aus, falte ihn und klebe ihn an dein Lapbook. Hier findest du die Lösungswörter, die du auf die Zeilen im Text eintragen sollst:

Feldhamster • Rücken • Einzelgänger • Fressen • Nagetiere • hauptsächlich • Stellen • Zähne • Duftspur • doppelt bis dreifach • Vorratskammer • Kotkügelchen • Pflanzenfresser • Graslandschaften • Nahrungsvorräte • Zwerghamster • Backentaschen • 53 – 102 mm • Revier • Schlafzimmer • 18-20 Tagen

Hamster ernähren sich ____________________ von Samen. Sie fressen aber auch Sprossen, Wurzeln, Früchte und Blätter und bevorzugen auch Getreide, Klee, Kartoffeln und Mais. Die ____________________ sind jedoch keine reinen ____________________. Zu einem kleinen Teil ernähren sie sich auch von Tieren wie z. B. Insekten, Eidechsen, Fröschen.

Hamster sind die meiste Zeit ____________________. Tagsüber schlafen sie. In der Dämmerung und in der Nacht sind sie aktiv. Die meiste Zeit verbringen sie damit, ihre ____________________ aufzustocken und an ihrer Höhle zu bauen.

Den Feldhamster erkennt man an seinem gelbbraunen ____________________ und seinem dunklen Bauch. Er hat weiße Flecken im Gesicht, an den Vorderbeinen und an den Seiten. Goldhamster haben am Hinterkopf schwarze Zeichnungen und einen weißen Bauch. ____________________ sind grau, braun, weiß, cremefarben, gefleckt.

LAPBOOK HAUSTIERE
Verschiedene Haustiere kreativ erarbeiten – Bestell-Nr. 12 883
KOHL VERLAG

Der Hamster

Auffällig an Hamstern sind die dehnbaren ________________. Dort können sie alles hineinstopfen, was sie im Moment nicht essen wollen oder können. Die Backen des Hamsters können ________________ so groß wie der Kopf des Hamsters werden.

Der größte Hamster ist der ________________.
Er kann bis zu 34 cm lang und bis zu 650 g schwer werden. Am kleinsten ist der Kurzschwanz-Zwerghamster. Er wird nur ________________ lang und 24-45 g schwer.

Die ____________ des Hamsters hören niemals auf zu wachsen. Das ist bei vielen Nagetieren so. Beim ____________ nutzen sich die Zähne aber ab, somit werden sie nicht zu lang.

Hamster in der freien Natur leben eher in trockenen ________________. Sie leben aber auch in Wäldern, Steppen, Halbwüsten oder sogar im Gebirge. Der Feldhamster bevorzugt Lehmböden.

LAPBOOK HAUSTIERE
Verschiedene Haustiere kreativ erarbeiten – Bestell-Nr. 12 883
KOHL VERLAG

Der Hamster

Hamster sind neugierig. Wenn sich die Tierchen in unbekannte Gebiete wagen, reiben sie ihren Körper an verschiedenen ________________. Damit hinterlassen sie eine ________________, aufgrund derer sie den Weg wieder zurück finden.

Hamster hinterlassen immer wieder mal kleine ________________________. Das machen sie nicht, weil sie unsauber sind, sondern sie markieren auf diese Weise ihr ________________. Wenn sie sich an Gegenständen reiben, dient dies ebenfalls dazu, ihr Revier abzustecken.

In der Natur richten sich Hamster ihre Höhle gerne schön gemütlich ein. Sie polstern ihr ____________________ mit Gras aus. Außerdem gibt es eine ________________________, die komplett gefüllt ist. Sogar eine Toilette richten sich die Tierchen ein, da sie es gerne sauber haben.

Hamster paaren sich meistens zwischen April und Mai. Nach ____________________ kommen 3–15 kleine Babys nackt und blind zur Welt und werden drei Wochen gesäugt. Nach etwa vier Wochen sind sie erwachsen und werden als Haustiere 2–4 Jahre alt.

KOHL VERLAG LAPBOOK HAUSTIERE
Verschiedene Haustiere kreativ erarbeiten – Bestell-Nr. 12 883

Der Hamster

Der Hamster

Klebelasche

Hier an das
Lapbook
ankleben.

Klebelasche

Interessante Fakten zum Hamster

Schneide die Formen an der gestrichelten Linie aus. Ergänze die Texte. Klebe sie dann an den grauen Flächen zusammen. Klebe das Büchlein an der Rückseite des letzten Teils an dein Lapbook. Hier findest du die Lösungswörter, die du auf die Zeilen im Text eintragen sollst:

Ohrmuscheln • Dunkelheit • Bewegungen • Gehör • Tasthaare • Geruchssinn

1.

Interessante Fakten zum Hamster

2.

Hamster sehen nicht gut. Sie können gerade mal 15 cm weit sehen und nehmen nur

____________________,

Hell und Dunkel wahr. Außerdem sind die kleinen Tierchen auch noch farbenblind. Dafür ist ihr

____

sehr stark ausgeprägt.

3.

Weil die kleinen Nager nicht so gut sehen können, helfen ihnen lange

____

an ihrem Maul. Diese brauchen sie, um ihre Umgebung wahrzunehmen und sich in der

____

orientieren zu können.

4.

Das ____________________

des Hamsters ist sehr gut ausgebildet. Die Fellknäulchen haben große

____________________,

die geradezu perfekt sind, um Geräusche in das Ohr weiter zu leiten.

LAPBOOK HAUSTIERE
Verschiedene Haustiere kreativ erarbeiten – Bestell-Nr. 12 883
KOHL VERLAG

Der Hamster – Fehlerbild

Schneide die Form an der gestrichelten Linie aus und falte sie wie angegeben. Kannst du die 5 Fehler finden? Klebe das Heftchen an dein Lapbook.

Die Rückseite dieser Fläche an dein Lapbook kleben.

Die Rückseiten dieser beiden Flächen zusammenkleben.

Der Hamster – Fehlerbild

Das Kaninchen

Schneide die Kreise an der gestrichelten Linie aus und klebe sie an den Klebeflächen zusammen. Ergänze die Texte mit den folgenden Begriffen. Klebe das Büchlein an dein Lapbook.

Einsamkeit • Raubtiere • Kopf • Hürden • Nagetiere • Fressen • Bewegung • weitsichtig • Wurf • Zähne • schnurren • Paarung • Sport • Artgenossen • Lieblingsbeschäftigungen • Hinterläufen

Das Kaninchen

Das Hauskaninchen des eine Zuchtform des Wildkaninchens. Sie sind sehr gesellig, und zu ihren

____

zählen Graben, Fressen und sie verstecken sich gerne. Kaninchen sind keine ________________,
wie viele Menschen annehmen, sondern gehören zu den „Hasenartigen". Es gibt rund 90 verschiedene Arten von Kaninchen.

KOHL VERLAG
LAPBOOK HAUSTIERE
Verschiedene Haustiere kreativ erarbeiten – Bestell-Nr. 12 883

Das Kaninchen

Wie auch bei Nagetieren hören die _______________ der Hasenartigen nie auf zu wachsen. Die Zähne nutzen sich aber beim _________________ ab, sodass sie nicht zu lang werden.

Kaninchen achten sehr aufeinander. Zum Beispiel wenn ________________ in der Nähe sind, pfeifen sie und klopfen mit den ____________________ auf den Boden, um ihre Artgenossen zu warnen. Da sie tagaktive Tiere sind, gehören sie zu den beliebtesten Haustieren.

Die Augen der Kaninchen sehen rundherum, daher brauchen sie nicht den _____________ zu drehen, um zu sehen, was sich hinter ihnen befindet. Des Weiteren sind sie _________________, das bedeutet, dass sie weit entfernte Dinge sehr gut sehen können. Somit können sie nahende Feinde schnell erkennen.

Kaninchen sind gesellige Tiere und können sich langweilen, wenn sie alleine sind. Sie leiden regelrecht unter ________________. Damit sie artgerecht gehalten werden, dürfen sie nicht alleine gehalten werden, denn sie sind keine Einzelgänger und brauchen ihre ___________________ um sich herum.

LAPBOOK HAUSTIERE
Verschiedene Haustiere kreativ erarbeiten – Bestell-Nr. 12 883
KOHL VERLAG

Das Kaninchen

Die süßen Tiere benötigen ____________________ und mögen es gar nicht, den ganzen Tag nur in einem Käfig zu sitzen. Ähnlich wie Katzen, ________________ sie, wenn sie glücklich sind. Sie zeigen auch, dass sie glücklich sind, indem sie wild herumrennen, in die Luft springen und mit den Hinterbeinen ausschlagen.

Nach der ________________ kommen die Babys nach einer Tragzeit von etwa 30 Tagen auf die Welt und sind bei der Geburt blind. Meistens kommen bei einem __________ vier bis sechs Junge zur Welt. Es können aber auch mehr sein.

Kaninchen können ganz schön sportlich sein und sogar Tricks lernen. Man kann mit ihnen – wie bei Hunden – eine Art ___________ ausüben, bei denen sie durch Tunnel oder über Brücken laufen. Es gibt sogar eine schwedische Sportart namens Kaninhop, bei der sie sogar über _____________ springen. Den Tieren tut die Bewegung gut und sie werden dabei auch geistig gefordert.

Kaninchenrekorde

Schneide die Rechtecke an der gestrichelten Linie aus. Ergänze die Texte mit den Begriffen aus dem Kasten. Schneide auch die Vorlage auf der nächsten Seite aus und falte es zu einem Büchlein. Die Anleitung dazu findest du auf Seite 30. Klebe nun die Rechtecke auf den Seiten des Büchleins passend auf.

Jahre • „Löffel" • pro Woche • 99,5 cm • England • Ohren • Riesenkaninchen • 2013 • Farbenzwerg

Das kleinste Kaninchen, das als Haustier gehalten wird, ist der _______________. Dieses kleine Fellknäuel wird ungefähr 1100 bis 1350 g „schwer", das ist etwas mehr als eine Packung Mehl.

Das Kaninchen mit den längsten ___________ war das Englische Widderkaninchen namens Nipper's Geronimo. Seine ___________, wie man die Ohren von Hasen und Kaninchen nennt, waren 79 cm lang und 18,4 cm breit.

Das schwerste Kaninchen der Welt ist laut Guinness Buch der Rekorde das _______________ Ralph. Dieser Riese unter den Kaninchen ist 25 kg schwer. Dieses Tier muss _______________ Futter für ca. 60 Euro verspeisen, um satt zu werden.

Der Name des längsten Kaninchens ist Darius. Mit seiner Länge von 129 cm kam auch er ins Guinness Buch der Weltrekorde. Darius' Heimat ist in _______________.

Normalerweise werden Kaninchen zwischen 8 und 12 ___________ alt. Im Guinness Buch der Rekorde wird vom ältesten Kaninchen der Welt berichtet, das über 17 Jahre alt wurde. Es wurde 1996 geboren, in welchem Jahr ist es also gestorben? Es war ___________.

Der höchsten Sprung, den ein Kaninchen aus Dänemark schaffte, war unglaubliche ___________ hoch. Damit schaffte es auch den Sprung in das Guiness Buch der Weltrekorde.

LAPBOOK HAUSTIERE
Verschiedene Haustiere kreativ erarbeiten – Bestell-Nr. 12 883
KOHL VERLAG

Kaninchenrekorde

1 Kaninchen-rekorde

2 Das Schwerste

3 Das Kleinste

4 Das Älteste

5 Die längsten Ohren

6 Der höchste Sprung

7 Das Längste

8 Hier an das Lapbook ankleben.

KOHL VERLAG
LAPBOOK HAUSTIERE
Verschiedene Haustiere kreativ erarbeiten – Bestell-Nr. 12 883

Kaninchenrekorde

Falte das Büchlein nach dieser Anleitung. Klebe es dann an der grauen Fläche an dein Lapbook.

Du brauchst:

eine Schere

Vorlage Faltbuch (siehe nächste Seite)

1.

So geht es:

1. Schneide die Vorlage vom Faltbuch an der gestrichelten Linie aus. Lege das Blatt mit der unbeschriebenen Seite vor dich hin.
2. Falte es einmal längs in der Mitte.
3. Falte es wieder auseinander.
4. Lege das Blatt mit der beschriebenen Seite vor dich hin. Falte es einmal quer in der Mitte. Schneide das Blatt an der gestrichelten Linie ein.
5. Falte die beiden Seiten an den durchgezogenen Linien nach unten.
6. Falte das Blatt wieder auseinander.
7. Falte das Blatt wieder der Länge nach in der Mitte, sodass die beschriebene Seite sichtbar wird.
8. Schiebe das Blatt in der Mitte zusammen.
9. Nun kannst du das Faltbuch zusammenklappen.

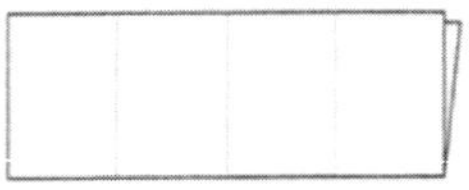

2.

3.

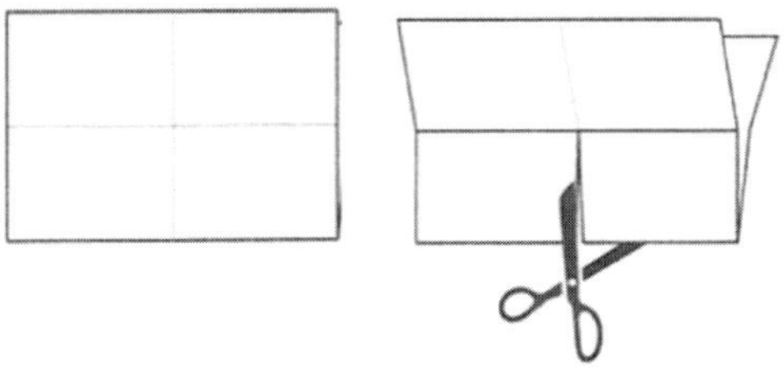

4.

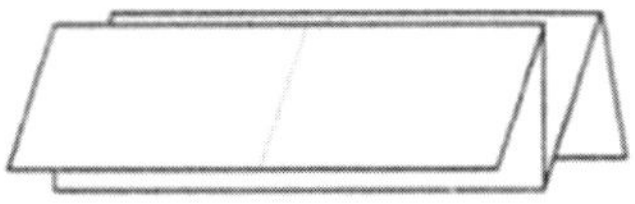

5.

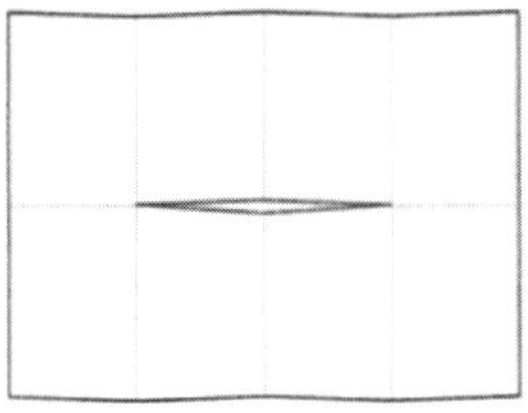

6.

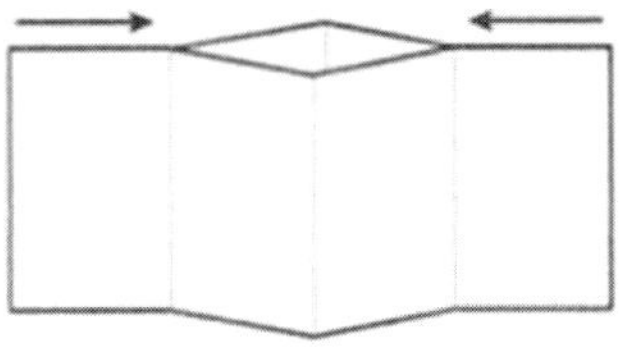

7.

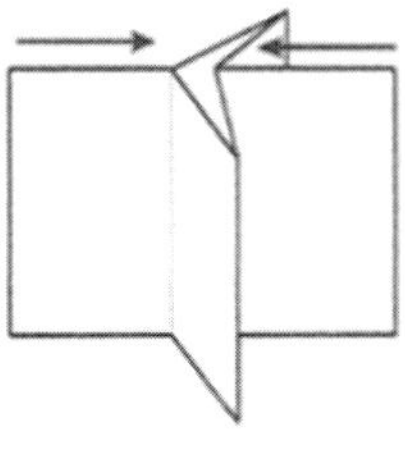

8.

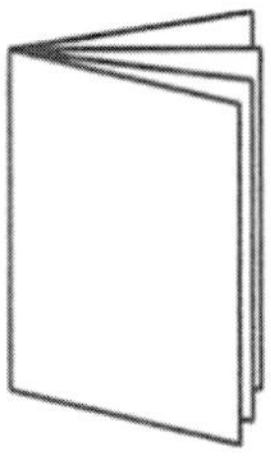

9.

KOHL VERLAG
LAPBOOK HAUSTIERE
Verschiedene Haustiere kreativ erarbeiten – Bestell-Nr. 12 883

Das Kaninchen – Puzzle

Schneide alle Teile und die Tasche auf der nächsten Seite aus. Klebe die Kaninchen-Vorlage in dein Lapbook. Die Teile kannst du in der gefalteten Tasche aufbewahren, die du auch an dein Lapbook klebst. Zum Puzzeln kannst immer wieder die Teile auf der Kaninchen-Vorlage auflegen, ohne dass du sie aufkleben musst. Viel Spaß!

LAPBOOK HAUSTIERE
Verschiedene Haustiere kreativ erarbeiten – Bestell-Nr. 12 883
KOHL VERLAG

Das Kaninchen – Puzzle

Das Kaninchen – Puzzle

Klebelasche

Hier an das Lapbook ankleben.

Klebelasche

KOHL VERLAG LAPBOOK HAUSTIERE Verschiedene Haustiere kreativ erarbeiten – Bestell-Nr. 12 883

Das Meerschweinchen

Schneide die Karten auf dieser und den nächsten zwei Seiten aus. Klebe sie zu einem Leporello an den grauen Flächen zusammen. Ergänze die Lücken mit den folgenden Begriffen:

Quieken • Nagen • Bocksprünge • Pflanzenfresser • beruhigt • Geburt • popcornen • Maiskörnern • aufgeregt • Haustierhaltung • Zähne • Schluckauf • Nagetiere • Angewohnheit • Meerweg • Zähnen • gestresst

Linie nach hinten knicken

Das Meerschweinchen

hier ***Teil 2*** *ankleben*

2

Meerschweinchen sind kleine ____________________.
Die kleinen Fellfreunde leben in kleinen Gruppen von 5–10 Tierchen zusammen und ernähren sich von Samen, Pflanzen und Blättern. Sie sind also ____________________________. Es gibt ungefähr 20 verschiedene Rassen.

hier ***Teil 3*** *ankleben*

Das Meerschweinchen

an der Linie knicken

3

Wie bei allen Nagern, wachsen die ______________ eines Meerschweinchens sein Leben lang und zwar pro Woche bis zu 1,5 mm und im Monat bis zu 6 mm. Sie werden aber nicht endlos lang, denn beim ______________ nutzen sie sich auf natürliche Weise ab.

hier **Teil 4** ankleben

4

Sie sind weder mit Schweinen verwandt, noch leben sie im Meer, also woher haben sie ihren Namen? Einerseits wegen der Laute, die sich wie das ______________ von Schweinen anhören und andererseits daher, dass Händler die Tiere mit ihren Schiffen auf dem ______________ mitbrachten.

hier **Teil 5** ankleben

5

Da sich Meerschweinchen sehr schnell vermehren, sollte man bei der ______________ aufpassen, welche Geschlechter zusammen in einem Käfig sitzen. Die Babys wiegen bei der ______________ 60-120 g, haben bereits Haare und können auch schon sehen.

hier **Teil 6** ankleben

6

Die kleinen Tierchen quietschen und zwitschern, wenn sie ______________ sind. Wenn sie sich bedroht fühlen, hört man sie mit den ______________ klappern und laut schnurren. Übrigens: Meerschweinchen können nicht schwitzen.

hier **Teil 7** ankleben

KOHL VERLAG LAPBOOK HAUSTIERE Verschiedene Haustiere kreativ erarbeiten – Bestell-Nr. 12 883

Das Meerschweinchen

an der Linie knicken

7

Wenn Meerschweinchen sich erschrecken oder zu schnell gefuttert haben, können sie wie Menschen einen ________________ bekommen. Normalerweise verschwindet der Schluckauf aber nach kurzer Zeit wieder, wenn sie sich wieder ______________ haben.

hier **Teil 8** ankleben

8

Popcorning Nr 1:

Die lustigen Fellknäuel haben eine ___________________: Sie springen mit allen vier Füßen gleichzeitig in die Luft und das bis zu 25 cm hoch! Sie sehen dabei so aus, als würden sie kleine ______________________ machen.

hier **Teil 9** ankleben

9

Popcorning Nr 2:

Dabei werden sie mit ______________________ verglichen, die gerade auf der heißen Herdplatte in die Höhe springen und aufgehen. Daher wird das lustige Herumhüpfen auch „Popcorning" genannt. Vor allem junge Tiere sieht man häufig bei diesem Hobby.

hier **Teil 10** ankleben

10

Popcorning Nr 3:

Das tun sie zum Beispiel, wenn sie etwas Neues entdecken und __________________ sind. Aber auch aus purem Spaß und Übermut sieht man sie springen. Leckeres Futter bedeutet natürlich Spaß UND Aufregung, daher __________________ sie auch beim Fressen.

Die Rückseite dieses Feldes an das Lapbook ankleben.

LAPBOOK HAUSTIERE
Verschiedene Haustiere kreativ erarbeiten – Bestell-Nr. 12 883
KOHL VERLAG

Fakten zur Meerschweinchenhaltung

Schneide den Pfeil an der gestrichelten Linie aus und falte ihn wie eine Ziehharmonika. Ergänze die Texte mit den Begriffen aus dem Kasten.

Gehege • bewegungsliebende • Sonneneinstrahlung • Weibchen • Gruppentiere • verrauchte

Fakten zur Meerschweinchenhaltung

Meerschweinchen sind ________________, sie sollten niemals alleine gehalten werden. Es sollten mindestens zwei, am besten vier oder mehr Tiere sein. ______________ verstehen sich immer recht gut, während Männchen schwieriger und für Anfänger nicht zu empfehlen sind. Wer mehrere Weibchen hat, kann auch ein kastriertes Männchen dazu gesellen. Idealerweise haben alle Tierchen etwa dasselbe Alter.

Wichtig ist, dass die Nager genügend Platz haben. Es reicht nicht, dass man ihnen viel Liebe schenkt, denn sie sind ______________________________, quirlige Kerlchen. Zugluft oder ein direkter Platz an der Heizung sollte auch vermieden werden, das tut den Tierchen nicht gut, ebenso __________________ Räume.

Damit die kleinen Wesen auch genug herumtollen und popcornen können, wäre es gut, den Käfig mit einem ______________ zu verbinden. Man merkt also, dass Meerschweinchen viel Platz benötigen, den man ihnen auch bieten muss, damit sie sich wohlfühlen. Sollte das Gehege im Sommer im Freien sein, muss man unbedingt direkte ____________________________________ vermeiden.

Die Rückseite dieses Feldes an dein Lapbook kleben.

Das Meerschweinchen – Labyrinthe

Schneide die Form aus und falte die Klappen nach innen. Kannst du den Meerschweinchen aus den Labyrinthen heraushelfen? Zeichne die Wege ein. Klebe die Rückseite der Mitte an dein Lapbook. Gestalte die Außenklappen mit Meerschweinchen und füge die Überschrift „Das Meerschweinchen – Labyrinthe" ein.

LAPBOOK HAUSTIERE
Verschiedene Haustiere kreativ erarbeiten – Bestell-Nr. 12 883
KOHL VERLAG

Der Wellensittich

Schneide die Kärtchen auf dieser und der nächsten Seite aus. Klebe sie an den grauen Flächen zusammen. So erhältst du ein kleines Büchlein.

Körnern • 148 • Kalzium • Menschen • Umgebung • Artgenossen • Schnabel • „Vogelzimmers" • sprachbegabt • Haut • Einzelgänger • fliegen

Der Wellensittich

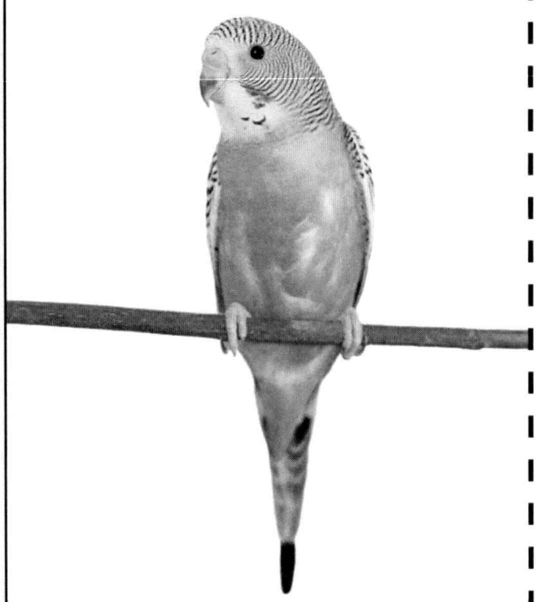

Wellensittiche sind beliebte Haustiere, weil sie verspielt, fröhlich, friedlich und genügsam sind. Sie erkunden gerne neugierig ihre

________________,

können sich gut alleine beschäftigen, sind aber auch gerne in der Nähe ihres

________________.

Die Vögel werden oft sogar handzahm.

Wellensittiche sind, ähnlich wie Papageien, sehr

________________.

Im Jahr 2010 wurde im Guiness Buch der Rekorde ein Wellensittich namens Oskar aus Deutschland erwähnt, der in der Lage war, ________ Wörter zu sprechen. Angeblich soll sogar einmal ein Wellensittich gelebt haben, der 1728 Wörter sprechen konnte.

Da Wellensittiche keine

____

sind, muss man sie immer zumindest paarweise – Männchen und Weibchen – halten. Sie brauchen die Gesellschaft von

________________, da

sie sonst vereinsamen und unglücklich werden. In einer Gruppe mit Artgenossen sind sie einfach glücklicher.

KOHL VERLAG LAPBOOK HAUSTIERE Verschiedene Haustiere kreativ erarbeiten – Bestell-Nr. 12 883

Der Wellensittich

So wie wir Menschen uns gerne die Beine „vertreten", benötigen Wellensittiche die Möglichkeit frei __________ zu können. Und das nicht nur eine halbe Stunde täglich, sondern je länger, desto besser. Wenn man seinen gefiederten Freunden die Möglichkeit eines ______________ einrichten könnte, wäre das optimal. Die richtige Beratung vor einem Vogelkauf ist also sehr wichtig.

Welcher Vogel ist nun ein Männchen und welcher ein Weibchen? Man kann das ganz leicht erkennen. Sieh dir den ________________ an: Ganz oben befindet sich die so genannte „Wachshaut", genau dort, wo der der Schnabel mit dem Kopf verbunden ist. Bei männlichen Wellensittichen ist diese ________ bläulich, bei den weiblichen Tieren braun.

Wellensittiche ernähren sich nicht nur von ______________, wie Hirse, Hafer, Leinsamen und Wildsamen. Sie brauchen auch Gemüse und Obst, damit sie gesund bleiben, ebenso eine Sepiaschale, da das ___________ darin wichtig für Knochen und Federn ist. Keinesfalls dürfen sie Menschenkost fressen.

Ihre natürliche Farben sind Hellgrün und Gelb mit schwarzen Bändern/ Streifen. Wellensittiche gibt es mittlerweile in vielen weiteren Farben, z. B. Himmelblau, Weiß-Blau, Olivgrün und Dunkelgrün.

Die Rückseite dieses Kärtchens an dein Lapbook kleben.

LAPBOOK HAUSTIERE
Verschiedene Haustiere kreativ erarbeiten – Bestell-Nr. 12 883
KOHL VERLAG

Interessante Fakten zum Wellensittich

Schneide die Tropfen-Formen auf dieser und der nächsten Seite aus. Hefte sie an den schwarzen Kreisen zusammen. Ergänze die Texte mit den Begriffen aus dem Kasten. Schneide auch den Umschlag auf Seite 42 aus, falte ihn und klebe ihn an dein Lapbook. Hierin kannst du nun deine Kärtchen aufbewahren.

1977 • Richtungen • 100 km • Fettreserven • 5-10 •
Augenlid • Bilder • 16 • einem Monat • ausgebrütet

Wellensittiche können nicht weit fliegen. Sie können sich nämlich keine ______________ aufbauen, weshalb ihnen die nötige Kraft dazu fehlt. Die maximale Obergrenze eines ununterbrochenen Fluges ist ein dreistündiger Flug, in dem sie ca. ____________ zurücklegen können.

Wellensittiche können bis zu 150 ____________ in der Sekunde sehen. Zum Vergleich: Ein Mensch kann in der Sekunde ______ Bilder sehen.

LAPBOOK HAUSTIERE
Verschiedene Haustiere kreativ erarbeiten – Bestell-Nr. 12 883
KOHL VERLAG

Interessante Fakten zum Wellensittich

Es heißt, die Vögel können 15 – 17 Jahre alt werden. Normal ist aber eine Lebensdauer von ______________ Jahren.
Ins Guinessbuch der Rekorde kam der Wellensittich Charlie mit seinen 29 Jahren und zwei Monaten! Damit ist er offiziell der älteste Wellensittich der Welt.
Er starb _______.

Ein Weibchen legt für gewöhnlich vier bis sechs Eier, die von ihr ________________ werden. Nach etwa 18 Tagen schlüpfen die Jungen, wiegen etwa 2 g und können nach ca. __________________ bereits fliegen.

Wellensittiche können ihren Kopf komplett im Kreis drehen. Das hilft ihnen, schnell in alle __________________ sehen zu können, um Gefahren rechtzeitig zu bemerken. Sie haben auch ein oberes, ein unteres und ein seitliches ______________, um das Vogelauge zu schützen.

KOHL VERLAG
LAPBOOK HAUSTIERE
Verschiedene Haustiere kreativ erarbeiten – Bestell-Nr. 12 883

Interessante Fakten zum Wellensittich

Klebelasche

Hier an das
Lapbook
ankleben.

Klebelasche

Interessante Fakten zum Wellensittich

Der Wellensittich – Zählrätsel

Zähle die jeweiligen Wellensittiche und Blumen und trage die Zahl in die weißen Kästen passend ein. Schneide das Rechteck aus und falte es zweimal nach innen. Klebe eine Fläche in dein Lapbook. Auf der obersten Fläche kannst du nun „Wellensittich – Zählrätsel" eintragen.

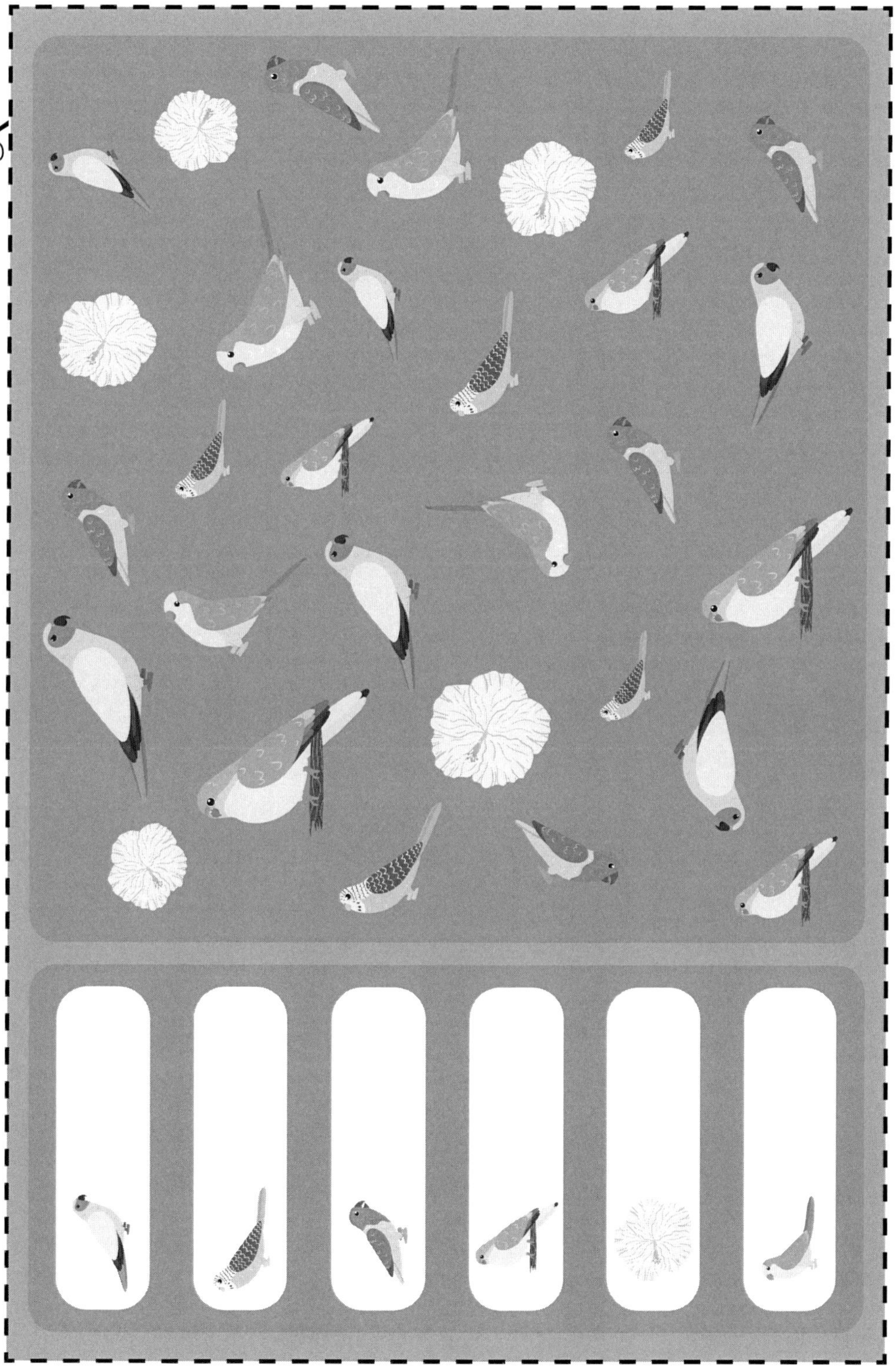

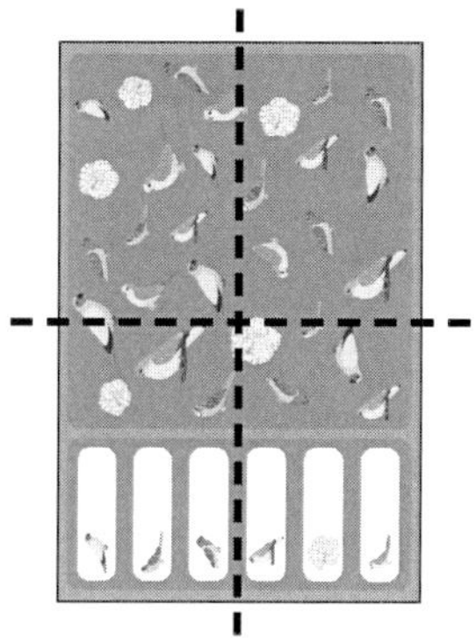

Die Landschildkröte

Schneide die Formen an der gestrichelten Linie aus. Ergänze die Texte. Hefte sie dann zusammen. Schneide auch den Umschlag auf Seite 46 aus, falte ihn und klebe ihn an dein Lapbook. Hier findest du die Lösungswörter, die du auf die Zeilen im Text eintragen sollst:

Stress • 75 und 100 Jahre • Schatten • verletzt • überlegen • Keime und Bakterien • Persönlichkeit • Boden • Entfernung • Garten • Griechische Landschildkröte • Hornschnabel

Die ______________________________
ist eine der beliebtesten Schildkröten, die als Haustiere gehalten werden können. Ihr Panzer ist oliv-gelb und braun-grau, wird nicht zu groß und ist robust. Schildkröten sind tagaktiv, was sie zu attraktiven Haustieren macht. Außerdem sind sie einfach zu halten, vor allem, wenn man einen ______________ hat.

Die gepanzerten Tiere liegen gern in der Sonne und bewegen sich gerne, wobei sie manchmal sogar rennen. Gerne ruhen sie sich im ______________ aus. Die Tiere sind sehr gutmütig, ruhig und ausgeglichen und es hat sogar jede Schildkröte eine eigene ________________. Sie haben zum Beispiel verschiedene Lieblingsorte, sind unterschiedlich aktiv und haben sogar ein Lieblingsfutter – wie wir Menschen.

Schildkröten können „beißen". Allerdings haben sie keine Zähne, sondern einen ________________, mit dem sie zwicken können. Das tut etwas weh, ist aber harmlos. Man sollte sich allerdings danach die Hände waschen, weil Schildkröten ______________________________ ______________ mit sich herumtragen.

KOHL VERLAG
LAPBOOK HAUSTIERE
Verschiedene Haustiere kreativ erarbeiten – Bestell-Nr. 12 883

Die Landschildkröte

Schildkröten beißen meist nicht aus Bösartigkeit. Die Tiere sehen auf kurze ________________ nicht sehr gut, weshalb es vorkommen kann, dass sie einen Finger mit Futter verwechseln, vor allem wenn er nach Futter riecht oder ein Salatblatt darauf liegt. Wenn das Tierchen versehentlich zubeißt, sollte man ruhig bleiben und warten, bis es von selbst loslässt, damit man es nicht ______________.

Schildkröten mögen es nicht, wenn man sie durch die Gegend trägt. Sie sind den engen Kontakt zum ______________ gewohnt und fühlen sich dort sicher. Wenn man solche Tierchen hochhebt, bedeutet das großen ______________ für sie und deshalb sollte man das nur dann tun, wenn es wirklich notwendig ist und dann auch nur sehr kurz.

Bevor man sich eine Schildkröte als Haustier nimmt, muss man einige Dinge gut ________________. Mitunter können Griechische Landschildkröten zwischen ________________________ alt werden. Hat man die Möglichkeit und die Lust, so lange für ein Tier zu sorgen?

LAPBOOK HAUSTIERE
Verschiedene Haustiere kreativ erarbeiten – Bestell-Nr. 12 883
KOHL VERLAG

Die Landschildkröte

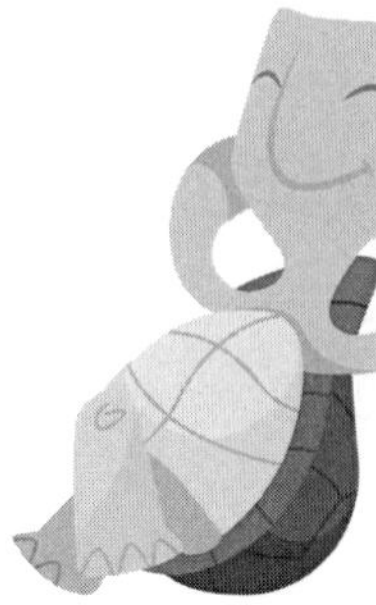

Die Landschildkröte

Klebelasche

Hier an das Lapbook ankleben.

Klebelasche

LAPBOOK HAUSTIERE
Verschiedene Haustiere kreativ erarbeiten – Bestell-Nr. 12 883
KOHL VERLAG

Wissenswertes zur Haltung von Schildkröten

Schneide das Leporello auf der nächsten Seite an der gestrichelten Linie aus. Knicke es an den durchgezogenen Linien und falte es wie eine Ziehharmonika. Schneide die Kästchen mit den Texten aus und klebe sie auf die Flächen. Hier findest du die Lösungswörter, die auf den Zeilen eingetragen werden sollen:

Gehege • Wasser • Frühbeet • Pflanzenschutzmittel • ausbruchssicher • Begegnung • Gemüse • 10 Quadratmeter • ungiftige • die meiste Zeit über • sonnige und schattige • krank

Schildkröten benötigen ein Freigehege, welches pro Tier mindestens ____________ groß sein sollte. Jungtiere brauchen ein beheiztes ____________ für die frostigen Tage im Frühling und Herbst.

Männchen und Weibchen sollten ____________ getrennt voneinander gehalten werden. Generell sind Schildkröten Einzelgänger, sie sollten aber nicht einzeln gehalten werden, sondern ihnen die Möglichkeit von zeitweiser ____________ geben, da sie sich in freier Wildbahn ja auch immer wieder über den Weg laufen.

In einem Schildkrötengehege sollen unbedingt ____________ Plätze vorhanden sein, damit sich die Schildkröten aufwärmen oder abkühlen können, kleine Hügel, auf die die Tiere klettern können und kleine Unterstände als Wetterschutz und zum Verstecken. Außerdem muss man darauf achten, dass das Gehege ____________ ist.

Bei der Bepflanzung des Schildkrötengeheges muss man unbedingt darauf achten, dass es *nur* ____________ Pflanzen sind. Es ist auch besonders wichtig, dass die Pflanzen nicht mit einem giftigen ____________ behandelt werden. In beiden Fällen können die Tiere krank werden oder sogar sterben!

Im Terrarium sollten Griechische Landschildkröten nur dann gehalten werden, wenn sie ____________ sind. Danach muss man sie so bald als möglich wieder in ihr ____________ bringen.

Griechische Landschildkröten fressen gerne Kräuter, aber in kleinen Mengen dürfen sie auch ____________ wie Brokkoli, Kohl, Gurke und Karotten, oder Obst, z. B. Äpfel, Pfirsiche und Erdbeeren fressen. Die Tiere brauchen täglich frisches ____________.

KOHL VERLAG LAPBOOK HAUSTIERE Verschiedene Haustiere kreativ erarbeiten – Bestell-Nr. 12 883

Wissenswertes zur Haltung von Schildkröten

Wissenswertes zur Haltung von Schildkröten

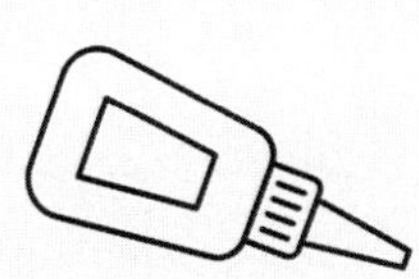

Hier an das Lapbook ankleben.

KOHL VERLAG
LAPBOOK HAUSTIERE
Verschiedene Haustiere kreativ erarbeiten – Bestell-Nr. 12 883

Die Landschildkröte – Malen nach Zahlen

Male das Bild mit Hilfe der angegebenen Farben passend aus. Schneide das Bild aus und falte es zweimal. Klebe die Rückseite der Fläche mit der kleinen Schildkröte an dein Lapbook. Auf der obersten Fläche kannst du nun „Schildkröten – Malen nach Zahlen" schreiben.

1 2 3 4 5 6 7 8

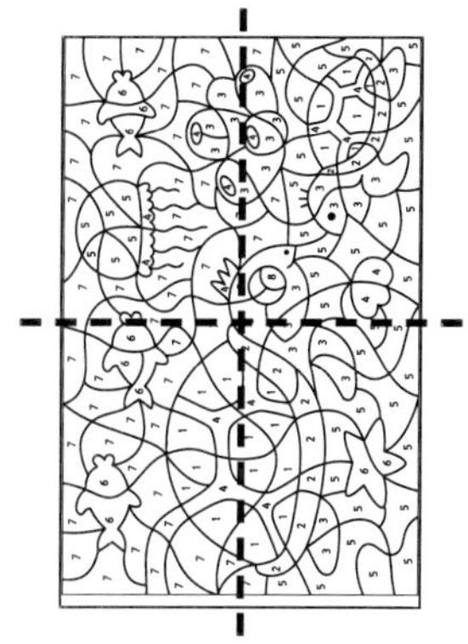

Fische

Schneide die Karten auf dieser und den nächsten zwei Seiten aus. Klebe sie zu einem Leporello an den grauen Flächen zusammen.

Wasserpflanzen • sauber • ein Drittel • schlecht werden • Bakterien • Fischfutter • Becken • auffressen • Filter • 2 bis 3 Wochen • Salzwasserfische • gewechselt

an dieser Linie knicken

Fische

*hier **Teil 2** ankleben*

2

Fische als Haustiere zu halten ist nicht so einfach, wie man es sich vorstellt. Es ist nicht damit getan, dass man sich einfach ein ________________ mit Wasser anfüllt und Fische reingibt. Das Wasser muss stets ____________________ gehalten werden. Dazu benötigt man viele Dinge.

*hier **Teil 3** ankleben*

3

Wenn man ein Aquarium einrichtet, braucht man einen ______________, der das Wasser sauber hält, eine Pumpe, Licht für die Pflanzen und eine Heizung. ______________________________ setzt man in Kies, der auf den Boden kommt. Wichtig ist es auch, Verstecke für die Fische zu schaffen, falls die Tiere mal ihre Ruhe haben wollen.

*hier **Teil 4** ankleben*

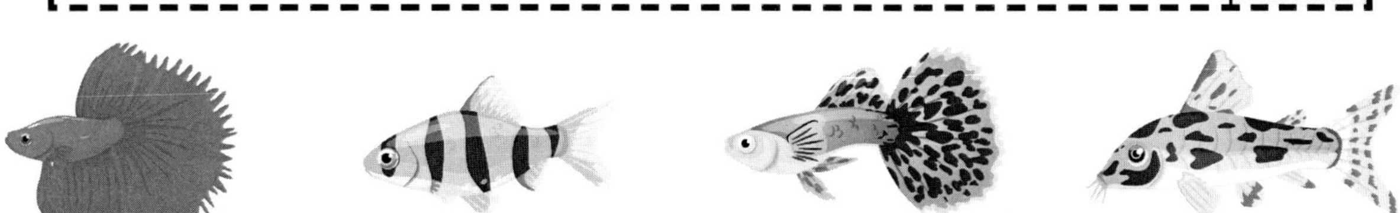

KOHL VERLAG
LAPBOOK HAUSTIERE
Verschiedene Haustiere kreativ erarbeiten – Bestell-Nr. 12 883

Fische

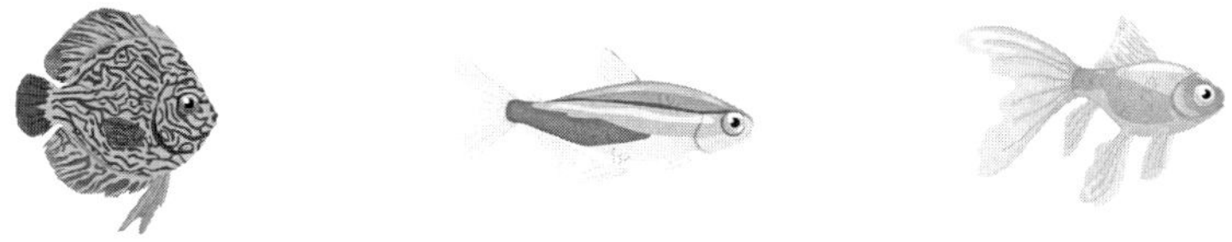

an dieser Linie knicken

4 Bevor man Fische in das eingerichtete Aquarium gibt, muss das Wasser erst die richtige Temperatur haben und die richtigen ________________ müssen sich im Wasser ansiedeln. Die benötigen die Fische, um im Aquarium gut leben und sich wohlfühlen zu können. Das kann ________________ dauern.

hier **Teil 5** ankleben

5 Natürlich muss man Fische auch füttern, am einfachsten geht das mit ________________, das man kaufen kann. Man muss aber darauf achten, dass man nicht zuviel Futter reingibt, damit es sich nicht am Boden sammelt und das Wasser ________________ lässt.

hier **Teil 6** ankleben

6 Man muss darauf achten, dass im Aquarium regelmäßig das Wasser ________________ wird. Je kleiner das Becken ist, umso häufiger muss man das tun. Bei einem kleinen Becken einmal in der Woche. Allerdings darf man immer höchstens ________________ des Wassers erneuern!

hier **Teil 7** ankleben

7 Nicht alle Fische können im selben Aquarium gehalten werden, denn es gibt Süßwasser- und ________________, es gibt aber auch Fische, die sich gegenseitig ________________ würden. Fische sollten übrigens nicht einzeln, sondern mindestens zu dritt gehalten werden.

Dieses graue Feld an das Lapbook ankleben.

LAPBOOK HAUSTIERE
Verschiedene Haustiere kreativ erarbeiten – Bestell-Nr. 12 883
KOHL VERLAG

Fische – Memospiel

Schneide die Karten auf dieser Seite und die Form auf der nächsten Seite aus. Falte die Form zu einer Tasche und klebe sie an dein Lapbook. Dort kannst du die Karten aufbewahren. So kannst du jederzeit nach Lust und Laune das Memo-Spiel herausholen und spielen. Viel Spaß!

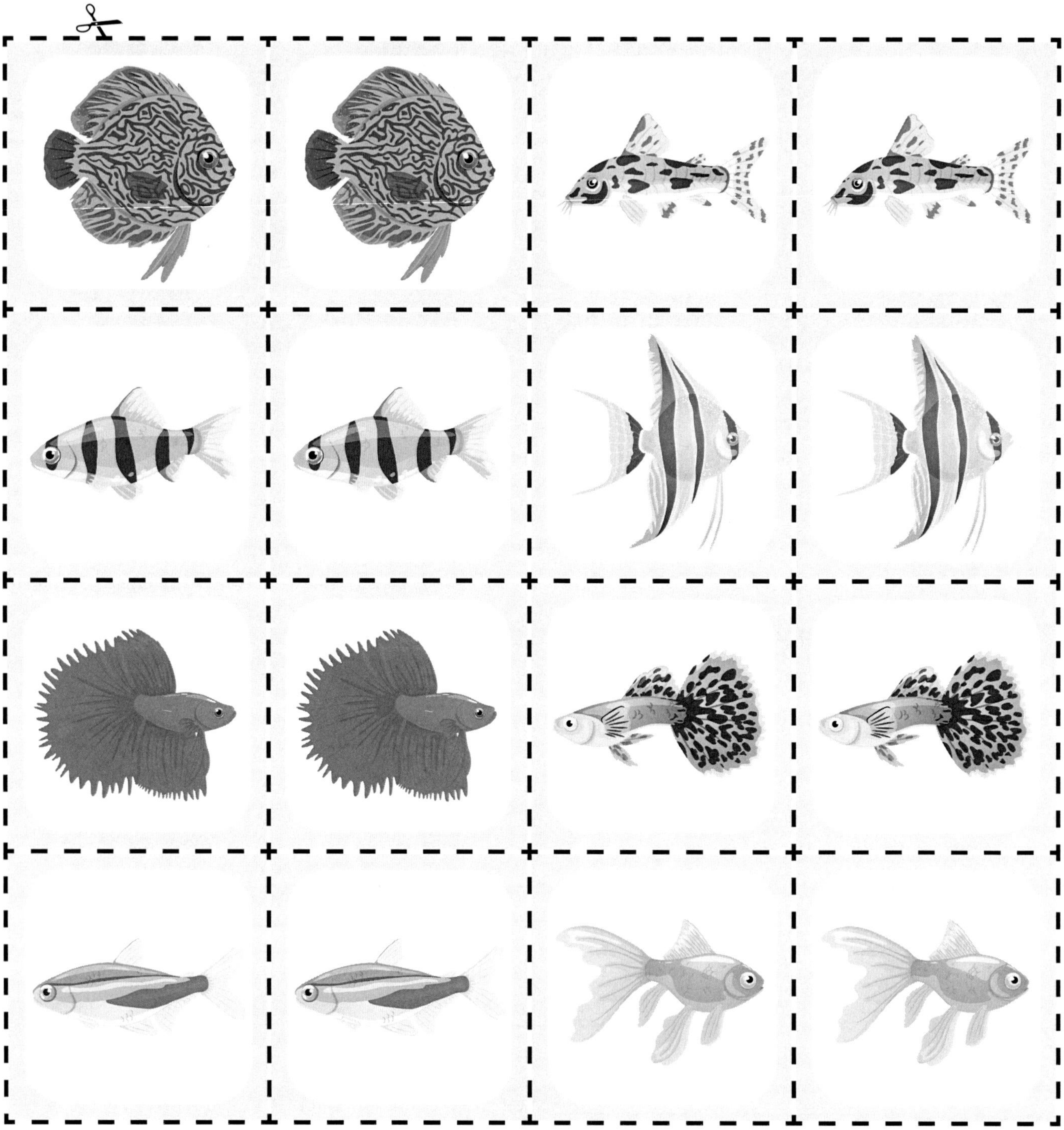

Fische – Memospiel

Fische – Memospiel

Klebelasche

Hier an das Lapbook ankleben.

Klebelasche

KOHL VERLAG
LAPBOOK HAUSTIERE
Verschiedene Haustiere kreativ erarbeiten – Bestell-Nr. 12 883

Ausmalbilder

Schneide die Karten und Formen auf dieser und der nächsten Seite aus. Falte die Formen nach innen und klebe die Karten passend hinter die zugehörigen Bilder. Male die Bilder aus und klebe die Formen in dein Lapbook.

Hier an das Lapbook ankleben.

Ausmalbilder

Hier an das Lapbook ankleben.

Lösungen

S. 8 Die Hauskatze

- Katzen sind sehr **reinliche** Tiere. Sie möchten, dass der Platz, wo sie leben **sauber** bleibt und decken daher ihren Urin und ihren Kot zu. Außerhalb ihres Reviers tun sie das nicht, denn dort sagen ihre Duftmarken anderen Katzen, dass sie dagewesen sind.
- Die Hauskatze hatte früher eine sehr wichtige Aufgabe: Sie sollte die **Mäuse** jagen und fressen, weil die sich über die Vorräte der Menschen hermachten. Die Katze ist also ein **Fleischfresser**.
- Katzen sind **nachtaktive** Tiere, deshalb müssen sie im Dunkeln sehen können. Wenn es **finster** ist, können Katzen immer noch sehen. Ihre Augen sind im Inneren wie Spiegel und reflektieren auch noch ganz schwaches **Licht**. Darum „leuchten" ihre Augen bei Nacht auch.
- Katzen mögen es, wenn man sie **streichelt**. Wenn sie sich wohlfühlen, dann **schnurren** sie. Verärgert man eine Katze, dann **faucht** sie zuerst und zeigt dann ihre Krallen, um sich zu wehren. Katzen können ihre Krallen **ein- und ausfahren**. Die Krallen benötigen sie auch, um auf Bäume zu klettern.
- Katzen haben eine Körperlänge von etwa **50 cm** und wiegen im Durchschnitt **3,5 bis 5,5 kg**. Der Schwanz ist 25–30 cm lang. Je nach Rasse können Katzen auch deutlich größer, kleiner, leichter oder schwerer sein.
- Die **Krallen** benötigen Katzen auch, um ihre Beute zu fangen. Sie müssen sie immer wieder schärfen, darum zerkratzen sie zu Hause auch oft Möbel. Daher benötigen die Tiere einen **Kratzbaum**.
- Katzen haben eine lange, raue Zunge mit hunderten von kleinen, weichen **Stacheln**. Die Stacheln haben viele Vorteile und helfen nicht nur beim Schmecken, sondern verhalten sich beim Putzen des Fells wie ein **Kamm**. Sie helfen beim Trinken, das Wasser ins Maul zu befördern.
- Katzen putzen sich mit ihrer Zunge und ihren Pfoten. Auf diese Weise **pflegen** sie ihr Fell. Sie tun das aber auch, um sich zu beruhigen. Zum Beispiel, wenn sie **nervös** sind oder nachdem sie mit einem anderen Tier gekämpft haben.
- Katzen haben ein sehr empfindsames Gehör. Sie können vor allem **sehr hohe Töne** hören, zum Beispiel das Fiepen von Mäusen. Katzen können nicht „süß" schmecken. Außerdem kann **Zucker** bei ihnen schwere gesundheitliche Probleme auslösen.
- Die meisten Katzen mögen kein **Wasser**, ja, sie haben sogar Angst davor. Das liegt daran, dass sie kein wasserdichtes Fell haben. Das Wasser kann nicht gut abtropfen, darum wird ihnen schnell kalt und sie sind **langsamer**, weil nasses Fell schwerer ist.
- Nach der Paarung dauert es **63 – 67** Tage, bis 2–6 Kätzchen geboren werden. Sie sind zuerst **blind und taub**. In den ersten vier bis acht Wochen werden sie von der Mutter gesäugt. Nach 12–15 Monaten sind sie ausgewachsen.

KOHL VERLAG LAPBOOK HAUSTIERE Verschiedene Haustiere kreativ erarbeiten – Bestell-Nr. 12 883

Lösungen

S. 12 Interessante Fakten zur Katze

- Im Jahr 1986 wurde im Buch der Rekorde die schwerste Hauskatze gekürt. Es war ein Kater namens „Himmy" und wog 21,3 kg. Damit Tiere in Zukunft aber geschützt und nicht **überfüttert** werden, werden solche Rekorde nicht mehr akzeptiert.
- Ob du es glaubst oder nicht: Die Schleichkatze produziert den teuersten **Kaffee** der Welt. Sie frisst die Bohnen, die dann durch ihren Darm wandern und mit ihrem **Kot** ausgeschieden werden. Dabei werden sie „veredelt". Obwohl das ziemlich ekelig klingt, kostet 1 kg des Kaffees knapp **700 Euro**. Pro Jahr werden nur etwa 230 kg hergestellt.
- Es gibt eine Rasse, die keinen Schwanz besitzt: die Manxkatze. Davon abgesehen haben nur die keinen, die ihn bei einem Kampf oder bei einem Unfall verloren haben. Da diese Katzen große gesundheitliche Probleme haben, ist die Zucht dieser Katzen **verboten**.
- Als größte Hauskatzenart der Welt gilt im Moment die Maine Coon mit einer Länge (inklusive Schwanz) von 123 cm. Diese riesige Katze kann bis zu 12kg schwer werden. Da sie eine sehr anhängliche Katze ist, wird sie auch **Hundekatze** genannt. Maine Coons haben keine Scheu vor **Wasser** und spielen oft damit. Ebenso tunken sie ihre Nahrung oft hinein. Deshalb erinnert ihr Name an „Racoon", das englische Wort für „Waschbär".

S. 13 Die Hauskatze – Paarsuche

KOHL VERLAG
LAPBOOK HAUSTIERE
Verschiedene Haustiere kreativ erarbeiten – Bestell-Nr. 12 883

Lösungen

S. 14 Der Hund

- Man sagt, dass der Hund der beste **Freund** des Menschen ist. Er braucht sehr viel Zuwendung, Pflege und Platz. Hunde müssen täglich viel **Auslauf** bekommen. Sie sind **Allesfresser**, fressen aber am liebsten **Fleisch**.
- Der **größte** Hund ist die Deutsche Dogge. Die Rasse kann bis zu 86 cm groß (Schulterhöhe) und über **90 kg** schwer werden. Der kleinste Hund ist der **Chihuahua**. Er wird nur **15 cm** groß und 1,5 bis 3 kg schwer. Weltweit gibt es mehrere hundert Hunderassen.
- Hunde haben **42** Zähne. Im Ober- und Unterkiefer sitzen jeweils links und rechts drei Schneidezähne, ein Eckzahn und vier **Backenzähne**. Bei den Backenzähnen gibt es eine Besonderheit: jeweils der drittletzte ist ein besonders kräftiger Zahn, der **Reißzahn** genannt wird.
- So einzigartig wie der **Fingerabdruck** eines Menschen ist, ist die Nase eines Hundes durch ihre **Oberfläche**. Dadurch, dass die Nase des Vierbeiners **feucht** ist, kann er besser riechen. **Duftpartikel**, die durch die Luft schweben, haften besser an feuchten Oberflächen.
- Anders als Menschen können Hunde nicht über ihre Haut **schwitzen**. Ihre **Schweißdrüsen** befinden sich in den Ballen unter ihren Pfoten. Außerdem kühlen sie sich ab, indem sie **hecheln**. Sie atmen kühle Luft ein und lassen die erwärmte Luft aus ihrem Körper nach draußen.
- Das Fell schützt unsere Fellfreunde vor Kälte und **Verletzungen**, und leitet Wasser ab. Zusätzlich zum Deckhaar können Hunde auch ein **Unterfell** haben. Es beginnt im Herbst zu wachsen, um vor der Kälte im Winter zu schützen. Im Frühling verlieren sie es wieder.

S. 16 Fähigkeiten und Sinne des Hundes

- Hunde besitzen einen außergewöhnlich guten **Geruchssinn**. Sie haben bis zu 300 Millionen Riechzellen, Menschen haben nur fünf Millionen. Deshalb werden sie auch häufig als **Spürhunde** eingesetzt. Man hat herausgefunden, dass sie Gegenstände oder Menschen sogar noch in einer Entfernung von **20 km** riechen können. Man kann sie sogar darauf trainieren, Krankheiten zu riechen.
- Hunde haben ein ausgezeichnetes Gehör. Sie hören tiefere und vor allem höhere Töne als wir Menschen. Die Hörweite eines Hundes kann bis zu **1 km** betragen. Ihre Ohren sind sehr **beweglich**, daher können sie schnell in die Richtung drehen, aus der Geräusche kommen.
- Der Sehsinn der Hunde ist nicht so gut ausgeprägt. Am besten sehen sie **Blau und Gelb**. Da ihnen die Sehzellen für Rot fehlen, sehen sie stattdessen Grau. Vor allem können unsere pelzigen Freunde **Bewegungen** gut wahrnehmen. Dinge, die sich nicht bewegen, können sie nicht so gut erkennen.
- Hunde verfügen über mehr als 100 **„Gesichtsausdrücke"**, bei denen die Ohren eine große Rolle spielen. Die meisten davon sind wohl als „Ich bin so arm, ich muss was essen. Gibst du mir ein Leckerli?" zu werten.

Lösungen

S. 18 Der Hund – Knochensuche

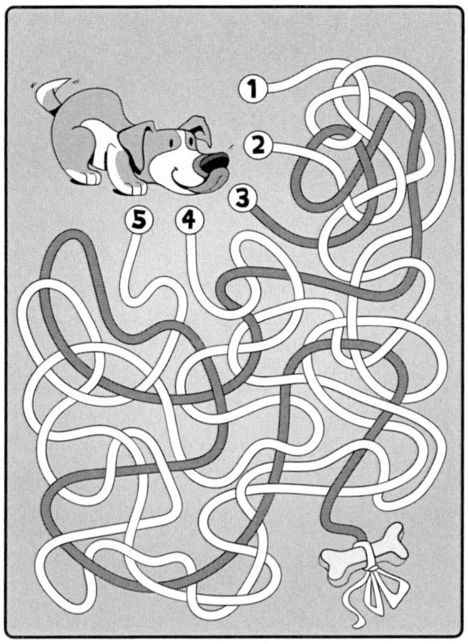

S. 19 Der Hamster

- Hamster ernähren sich **hauptsächlich** von Samen. Sie fressen aber auch Sprossen, Wurzeln, Früchte und Blätter und bevorzugen auch Getreide, Klee, Kartoffeln und Mais. Die **Nagetiere** sind jedoch keine reinen **Pflanzenfresser**. Zu einem kleinen Teil ernähren sie sich auch von Tieren wie z. B. Insekten, Eidechsen, Fröschen.
- Hamster sind die meiste Zeit **Einzelgänger**. Tagsüber schlafen sie. In der Dämmerung und in der Nacht sind sie aktiv. Die meiste Zeit verbringen sie damit, ihre **Nahrungsvorräte** aufzustocken und an ihrer Höhle zu bauen.
- Den Feldhamster erkennt man an seinem gelbbraunen **Rücken** und seinem dunklen Bauch. Er hat weiße Flecken im Gesicht, an den Vorderbeinen und an den Seiten. Goldhamster haben am Hinterkopf schwarze Zeichnungen und einen weißen Bauch. **Zwerghamster** sind grau, braun, weiß, cremefarben, gefleckt.
- Auffällig an Hamstern sind die dehnbaren **Backentaschen**. Dort können sie alles hineinstopfen, was sie im Moment nicht essen wollen oder können. Die Backen des Hamsters können **doppelt bis dreifach** so groß wie der Kopf des Hamsters werden.
- Der größte Hamster ist der **Feldhamster**. Er kann bis zu 34 cm lang und bis zu 650 g schwer werden. Am kleinsten ist der Kurzschwanz-Zwerghamster. Er wird nur **53 – 102 mm** lang und 24-45 g schwer.
- Die **Zähne** des Hamsters hören niemals auf zu wachsen. Das ist bei vielen Nagetieren so. Beim **Fressen** nutzen sich die Zähne aber ab, somit werden sie nicht zu lang.
- Hamster in der freien Natur leben eher in trockenen **Graslandschaften**. Sie leben aber auch in Wäldern, Steppen, Halbwüsten oder sogar im Gebirge. Der Feldhamster bevorzugt Lehmböden.

LAPBOOK HAUSTIERE
Verschiedene Haustiere kreativ erarbeiten – Bestell-Nr. 12 883
KOHL VERLAG

Lösungen

S. 19 Der Hamster

- Hamster sind neugierig. Wenn sich die Tierchen in unbekannte Gebiete wagen, reiben sie ihren Körper an verschiedenen **Stellen**. Damit hinterlassen sie eine **Duftspur**, aufgrund derer sie den Weg wieder zurück finden.
- Hamster hinterlassen immer wieder mal kleine **Kotkügelchen**. Das machen sie nicht, weil sie unsauber sind, sondern sie markieren auf diese Weise ihr **Revier**. Wenn sie sich an Gegenständen reiben, dient dies ebenfalls dazu, ihr Revier abzustecken.
- In der Natur richten sich Hamster ihre Höhle gerne schön gemütlich ein. Sie polstern ihr **Schlafzimmer** mit Gras aus. Außerdem gibt es eine **Vorratskammer**, die komplett gefüllt ist. Sogar eine Toilette richten sich die Tierchen ein, da sie es gerne sauber haben.
- Hamster paaren sich meistens zwischen April und Mai. Nach **18 bis 20 Tagen** kommen 3–15 kleine Babys nackt und blind zur Welt und werden drei Wochen gesäugt. Nach etwa vier Wochen sind sie erwachsen und werden als Haustiere 2–4 Jahre alt.

S. 23 Interessante Fakten zum Hamster

- Hamster sehen nicht gut. Sie können gerade mal 15 cm weit sehen und nehmen nur **Bewegungen**, Hell und Dunkel wahr. Außerdem sind die kleinen Tierchen auch noch farbenblind. Dafür ist ihr **Geruchssinn** sehr stark ausgeprägt.
- Weil die kleinen Nager nicht so gut sehen können, helfen ihnen lange **Tasthaare** an ihrem Maul. Diese brauchen sie, um ihre Umgebung wahrzunehmen und sich in der **Dunkelheit** orientieren zu können.
- Das **Gehör** des Hamsters ist sehr gut ausgebildet. Die Fellknäulchen haben große **Ohrmuscheln**, die geradezu perfekt sind, um Geräusche in das Ohr weiter zu leiten.

S. 24 Der Hamster – Fehlerbild

KOHL VERLAG
LAPBOOK HAUSTIERE
Verschiedene Haustiere kreativ erarbeiten – Bestell-Nr. 12 883

Lösungen

S. 25 Das Kaninchen

- Das Hauskaninchen des eine Zuchtform des Wildkaninchens. Sie sind sehr gesellig, und zu ihren **Lieblingsbeschäftigungen** zählen Graben, Fressen und sie verstecken sich gerne. Kaninchen sind keine **Nagetiere**, wie viele Menschen annehmen, sondern gehören zu den „Hasenartigen". Es gibt rund 90 verschiedene Arten von Kaninchen.
- Wie auch bei Nagetieren hören die **Zähne** der Hasenartigen nie auf zu wachsen. Die Zähne nutzen sich aber beim **Fressen** ab, sodass sie nicht zu lang werden.
- Kaninchen achten sehr aufeinander. Zum Beispiel wenn **Raubtiere** in der Nähe sind, pfeifen sie und klopfen mit den **Hinterläufen** auf den Boden, um ihre Artgenossen zu warnen. Da sie tagaktive Tiere sind, gehören sie zu den beliebtesten Haustieren.
- Die Augen der Kaninchen sehen rundherum, daher brauchen sie nicht den **Kopf** zu drehen, um zu sehen, was sich hinter ihnen befindet. Des Weiteren sind sie **weitsichtig**, das bedeutet, dass sie weit entfernte Dinge sehr gut sehen können. Somit können sie nahende Feinde schnell erkennen.
- Kaninchen sind gesellige Tiere und können sich langweilen, wenn sie alleine sind. Sie leiden regelrecht unter **Einsamkeit**. Damit sie artgerecht gehalten werden, dürfen sie nicht alleine gehalten werden, denn sie sind keine Einzelgänger und brauchen ihre **Artgenossen** um sich herum.
- Die süßen Tiere benötigen **Bewegung** und mögen es gar nicht, den ganzen Tag nur in einem Käfig zu sitzen. Ähnlich wie Katzen, **schnurren** sie, wenn sie glücklich sind. Sie zeigen auch, dass sie glücklich sind, indem sie wild herumrennen, in die Luft springen und mit den Hinterbeinen ausschlagen.
- Nach der **Paarung** kommen die Babys nach einer Tragzeit von etwa 30 Tagen auf die Welt und sind bei der Geburt blind. Meistens kommen bei einem **Wurf** vier bis sechs Junge zur Welt. Es können aber auch mehr sein.
- Kaninchen können ganz schön sportlich sein und sogar Tricks lernen. Man kann mit ihnen – wie bei Hunden – eine Art **Sport**, ausüben, bei denen sie durch Tunnel oder über Brücken laufen. Es gibt sogar eine schwedische Sportart namens Kaninhop, bei der sie sogar über **Hürden** springen. Den Tieren tut die Bewegung gut und sie werden dabei auch geistig gefordert.

S. 28 Kaninchenrekorde

- Das Kleinste: Das kleinste Kaninchen, das als Haustier gehalten wird, ist der **Farbenzwerg**. Dieses kleine Fellknäuel wird ungefähr 1.100 bis 1.350 g „schwer", das ist etwas mehr als eine Packung Mehl.
- Die längsten Ohren: Das Kaninchen mit den längsten **Ohren** war das Englische Widderkaninchen namens Nipper's Geronimo. Seine **Löffel**, wie man die Ohren von Hasen und Kaninchen nennt, waren 79 cm lang und 18,4 cm breit.

KOHL VERLAG LAPBOOK HAUSTIERE Verschiedene Haustiere kreativ erarbeiten – Bestell-Nr. 12 883

Lösungen

S. 28 Kaninchenrekorde

- Das Schwerste: Das schwerste Kaninchen der Welt ist laut Guinness Buch der Rekorde das **Riesenkaninchen** Ralph. Dieser Riese unter den Kaninchen ist 25 kg schwer. Dieses Tier muss **pro Woche** Futter für ca. 60 Euro verspeisen, um satt zu werden.
- Das Längste: Der Name des längsten Kaninchens ist Darius. Mit seiner Länge von 129 cm kam auch er ins Guinness Buch der Weltrekorde. Darius' Heimat ist in **England**.
- Das Älteste: Normalerweise werden Kaninchen zwischen 8 und 12 **Jahre** alt. Im Guinness Buch der Rekorde wird vom ältesten Kaninchen der Welt berichtet, das 17 Jahre und zwei Wochen alt wurde. Es wurde 1996 geboren, in welchem Jahr ist es also gestorben? Es war **2013**.
- Der höchste Sprung: Der höchsten Sprung, den ein Kaninchen aus Dänemark schaffte, war unglaubliche **99,5 cm** hoch. Damit schaffte es auch den Sprung in das Guiness Buch der Weltrekorde.

S. 31 Kaninchenpuzzle

S. 33 Das Meerschweinchen

- Meerschweinchen sind kleine **Nagetiere**. Die kleinen Fellfreunde leben in kleinen Gruppen von 5–10 Tierchen zusammen und ernähren sich von Samen, Pflanzen und Blättern. Sie sind also **Pflanzenfresser**. Es gibt ungefähr 20 verschiedene Rassen.
- Wie bei allen Nagern, wachsen die **Zähne** eines Meerschweinchens sein Leben lang und zwar pro Woche bis zu 1,5 mm und im Monat bis zu 6 mm. Sie werden aber nicht endlos lang, denn beim **Nagen** nutzen sie sich auf natürliche Weise ab.
- Sie sind weder mit Schweinen verwandt, noch leben sie im Meer, also woher haben sie ihren Namen? Einerseits wegen der Laute, die sich wie das **Quieken** von Schweinen anhören und andererseits daher, dass Händler die Tiere mit ihren Schiffen auf dem **Meerweg** mitbrachten.
- Da sich Meerschweinchen sehr schnell vermehren, sollte man bei der **Haustierhaltung** aufpassen, welche Geschlechter zusammen in einem Käfig sitzen. Die Babys wiegen bei der **Geburt** 60–120 g, haben bereits Haare und können auch schon sehen.

KOHL VERLAG LAPBOOK HAUSTIERE Verschiedene Haustiere kreativ erarbeiten – Bestell-Nr. 12 883

Lösungen

S. 33 Das Meerschweinchen

- Die kleinen Tierchen quietschen und zwitschern, wenn sie **gestresst** sind. Wenn sie sich bedroht fühlen, hört man sie mit den **Zähnen** klappern und laut schnurren. Übrigens: Meerschweinchen können nicht schwitzen.
- Wenn Meerschweinchen sich erschrecken oder zu schnell gefuttert haben, können sie wie Menschen einen **Schluckauf** bekommen. Normalerweise verschwindet der Schluckauf aber nach kurzer Zeit wieder, wenn sie sich wieder **beruhigt** haben.
- Popcorning Nr 1: Die lustigen Fellknäuel haben eine **Angewohnheit**: Sie springen mit allen vier Füßen gleichzeitig in die Luft und das bis zu 25 cm hoch! Sie sehen dabei so aus, als würden sie kleine **Bocksprünge** machen.
- Popcorning Nr 2: Dabei werden sie mit **Maiskörnern** verglichen, die gerade auf der heißen Herdplatte in die Höhe springen und aufgehen. Daher wird das lustige Herumhüpfen auch „Popcorning" genannt. Vor allem junge Tiere sieht man häufig bei diesem Hobby.
- Popcorning Nr 3: Das tun sie zum Beispiel, wenn sie etwas Neues entdecken und **aufgeregt** sind. Aber auch aus purem Spaß und Übermut sieht man sie springen. Leckeres Futter bedeutet natürlich Spaß UND Aufregung, daher **popcornen** sie auch beim Fressen.

S. 36 Fakten zur Meerschweinchenhaltung

- Meerschweinchen sind **Gruppentiere**, sie sollten niemals alleine gehalten werden. Es sollten mindestens zwei, am besten vier oder mehr Tiere sein. **Weibchen** verstehen sich immer recht gut, während Männchen schwieriger und für Anfänger nicht zu empfehlen sind. Wer mehrere Weibchen hat, kann auch ein kastriertes Männchen dazu gesellen. Idealerweise haben alle Tierchen etwa dasselbe Alter.
- Wichtig ist, dass die Nager genügend Platz haben. Es reicht nicht, dass man ihnen viel Liebe schenkt, denn sie sind **bewegungsliebende**, quirlige Kerlchen. Zugluft oder ein direkter Platz an der Heizung sollte auch vermieden werden, das tut den Tierchen nicht gut, ebenso **verrauchte** Räume.
- Damit die kleinen Wesen auch genug herumtollen und popcornen können, wäre es gut, den Käfig mit einem **Gehege** zu verbinden. Man merkt also, dass Meerschweinchen viel Platz benötigen, den man ihnen auch bieten muss, damit sie sich wohlfühlen. Sollte das Gehege im Sommer im Freien sein, muss man unbedingt direkte **Sonneneinstrahlung** vermeiden.

Lösungen

S. 37 Das Meerschweinchen – Labyrinthe

S. 38 Der Wellensittich

- Wellensittiche sind beliebte Haustiere, weil sie verspielt, fröhlich, friedlich und genügsam sind. Sie erkunden gerne neugierig ihre **Umgebung**, können sich gut alleine beschäftigen, sind aber auch gerne in der Nähe ihres **Menschen**. Die Vögel werden oft sogar handzahm.
- Wellensittiche sind, ähnlich wie Papageien, sehr **sprachbegabt**. Im Jahr 2010 wurde im Guiness Buch der Rekorde ein Wellensittich namens Oskar aus Deutschland erwähnt, der in der Lage war, **148** Wörter zu sprechen. Angeblich soll sogar einmal ein Wellensittich gelebt haben, der 1728 Wörter sprechen konnte.
- Da Wellensittiche keine **Einzelgänger** sind, muss man sie immer zumindest paarweise – Männchen und Weibchen - halten. Sie brauchen die Gesellschaft von **Artgenossen**, da sie sonst vereinsamen und unglücklich werden. In einer Gruppe mit Artgenossen sind sie einfach glücklicher.
- So wie wir Menschen uns gerne die Beine „vertreten", benötigen Wellensittiche die Möglichkeit frei **fliegen** zu können. Und das nicht nur eine halbe Stunde täglich, sondern je länger, desto besser. Wenn man seinen gefiederten Freunden die Möglichkeit eines **Vogelzimmers** einrichten könnte, wäre das optimal. Die richtige Beratung vor einem Vogelkauf ist also sehr wichtig.

Lösungen

S. 38 Der Wellensittich

- Welcher Vogel ist nun ein Männchen und welcher ein Weibchen? Man kann das ganz leicht erkennen. Sieh dir den **Schnabel** an: Ganz oben befindet sich die so genannte „Wachshaut", genau dort, wo der der Schnabel mit dem Kopf verbunden ist. Bei männlichen Wellensittichen ist diese **Haut** bläulich, bei den weiblichen Tieren braun.
- Wellensittiche ernähren sich nicht nur von **Körnern**, wie Hirse, Hafer, Leinsamen und Wildsamen. Sie brauchen auch Gemüse und Obst, damit sie gesund bleiben, ebenso eine Sepiaschale, da das **Kalzium** darin wichtig für Knochen und Federn ist. Keinesfalls dürfen sie Menschenkost fressen.
- Ihre natürliche Farben sind Hellgrün und Gelb mit schwarzen Bändern/ Streifen. Wellensittiche gibt es mittlerweile in vielen weiteren Farben, z. B. Himmelblau, Weiß-Blau, Olivgrün und Dunkelgrün.

S. 40 Interessante Fakten zum Wellensittich

- Wellensittiche können nicht weit fliegen. Sie können sich nämlich keine **Fettreserven** aufbauen, weshalb ihnen die nötige Kraft dazu fehlt. Die maximale Obergrenze eines ununterbrochenen Fluges ist ein dreistündiger Flug, in dem sie ca. **100 km** zurücklegen können.
- Wellensittiche können bis zu 150 **Bilder** in der Sekunde sehen. Zum Vergleich: Ein Mensch kann in der Sekunde **16** Bilder sehen.
- Es heißt, die Vögel können 15-17 Jahre alt werden. Normal ist aber eine Lebensdauer von **5-10** Jahren. Ins Guinessbuch der Rekorde kam der Wellensittich Charlie mit seinen 29 Jahren und zwei Monaten! Damit ist er offiziell der älteste Wellensittich der Welt. Er starb **1977**.
- Ein Weibchen legt für gewöhnlich vier bis sechs Eier, die von ihr **ausgebrütet** werden. Nach etwa 18 Tagen schlüpfen die Jungen, wiegen etwa 2 g und können nach ca. **einem Monat** bereits fliegen.
- Wellensittiche können ihren Kopf komplett im Kreis drehen. Das hilft ihnen, schnell in alle **Richtungen** sehen zu können, um Gefahren rechtzeitig zu bemerken. Sie haben auch ein oberes, ein unteres und ein seitliches **Augenlid**, um das Vogelauge zu schützen.

S. 43 Der Wellensittich – Zählrätsel

	6		5		5
	5		5		4

Lösungen

S. 44 Die Landschildkröte

- Die **Griechische Landschildkröte** ist eine der beliebtesten Schildkröten, die als Haustiere gehalten werden können. Ihr Panzer ist oliv-gelb und braun-grau, wird nicht zu groß und ist robust. Schildkröten sind tagaktiv, was sie zu attraktiven Haustieren macht. Außerdem sind sie einfach zu halten, vor allem, wenn man einen **Garten** hat.
- Die gepanzerten Tiere liegen gern in der Sonne und bewegen sich gerne, wobei sie manchmal sogar rennen. Gerne ruhen sie sich im **Schatten** aus. Die Tiere sind sehr gutmütig, ruhig und ausgeglichen und es hat sogar jede Schildkröte eine eigene **Persönlichkeit**. Sie haben zum Beispiel verschiedene Lieblingsorte, sind unterschiedlich aktiv und haben sogar ein Lieblingsfutter – wie wir Menschen.
- Schildkröten können „beißen". Allerdings haben sie keine Zähne, sondern einen **Hornschnabel**, mit dem sie zwicken können. Das tut etwas weh, ist aber harmlos. Man sollte sich allerdings danach die Hände waschen, weil Schildkröten **Keime und Bakterien** mit sich herumtragen.
- Schildkröten beißen meist nicht aus Bösartigkeit. Die Tiere sehen auf kurze **Entfernung** nicht sehr gut, weshalb es vorkommen kann, dass sie einen Finger mit Futter verwechseln, vor allem wenn er nach Futter riecht oder ein Salatblatt darauf liegt. Wenn das Tierchen versehentlich zubeißt, sollte man ruhig bleiben und warten, bis es von selbst loslässt, damit man es nicht **verletzt**.
- Schildkröten mögen es nicht, wenn man sie durch die Gegend trägt. Sie sind den engen Kontakt zum **Boden** gewohnt und fühlen sich dort sicher. Wenn man solche Tierchen hochhebt, bedeutet das großen **Stress** für sie und deshalb sollte man das nur dann tun, wenn es wirklich notwendig ist und dann auch nur sehr kurz.
- Bevor man sich eine Schildkröte als Haustier nimmt, muss man einige Dinge gut **überlegen**. Mitunter können Griechische Landschildkröten zwischen **75 und 100 Jahre** alt werden. Hat man die Möglichkeit und die Lust, so lange für ein Tier zu sorgen?

S. 47 Wissenswertes zur Haltung von Schildkröten

- Schildkröten benötigen ein Freigehege, welches pro Tier mindestens **10 Quadratmeter** groß sein sollte. Jungtiere brauchen ein beheiztes **Frühbeet** für die frostigen Tage im Frühling und Herbst.
- Männchen und Weibchen sollten **die meiste Zeit über** getrennt voneinander gehalten werden. Generell sind Schildkröten Einzelgänger, sie sollten aber nicht einzeln gehalten werden, sondern ihnen die Möglichkeit von zeitweiser **Begegnung** geben, da sie sich in freier Wildbahn ja auch immer wieder über den Weg laufen.

KOHL VERLAG LAPBOOK HAUSTIERE Verschiedene Haustiere kreativ erarbeiten – Bestell-Nr. 12 883

Lösungen

S. 47 Wissenswertes zur Haltung von Schildkröten

- In einem Schildkrötengehege sollen unbedingt **sonnige und schattige** Plätze vorhanden sein, damit sich die Schildkröten aufwärmen oder abkühlen können, kleine Hügel, auf die die Tiere klettern können und kleine Unterstände als Wetterschutz und zum Verstecken. Außerdem muss man darauf achten, dass das Gehege **ausbruchssicher** ist.
- Bei der Bepflanzung des Schildkrötengeheges muss man unbedingt darauf achten, dass es NUR **ungiftige** Pflanzen sind. Es ist auch besonders wichtig, dass die Pflanzen nicht mit einem giftigen **Pflanzenschutzmittel** behandelt werden. In beiden Fällen können die Tiere krank werden oder sogar sterben!
- Im Terrarium sollten Griechische Landschildkröten nur dann gehalten werden, wenn sie **krank** sind. Danach muss man sie so bald als möglich wieder in ihr **Gehege** bringen.
- Griechische Landschildkröten fressen gerne Kräuter, aber in kleinen Mengen dürfen sie auch **Gemüse** wie Brokkoli, Kohl, Gurke und Karotten, oder Obst, z. B. Äpfel, Pfirsiche und Erdbeeren fressen. Die Tiere brauchen täglich frisches **Wasser**.

S. 49 Die Landschildkröten – Malen nach Zahlen

S. 50 Fische

- Fische als Haustiere zu halten ist nicht so einfach, wie man es sich vorstellt. Es ist nicht damit getan, dass man sich einfach ein **Becken** mit Wasser anfüllt und Fische reingibt. Das Wasser muss stets **sauber** gehalten werden. Dazu benötigt man viele Dinge.
- Wenn man ein Aquarium einrichtet, braucht man einen **Filter**, der das Wasser sauber hält, eine Pumpe, Licht für die Pflanzen und eine Heizung. **Wasserpflanzen** setzt man in Kies, der auf den Boden kommt. Wichtig ist es auch, Verstecke für die Fische zu schaffen, falls die Tiere mal ihre Ruhe haben wollen.

KOHL VERLAG LAPBOOK HAUSTIERE Verschiedene Haustiere kreativ erarbeiten – Bestell-Nr. 12 883

Lösungen

S. 50 Fische

- Bevor man Fische in das eingerichtete Aquarium gibt, muss das Wasser erst die richtige Temperatur haben und die richtigen **Bakterien** müssen sich im Wasser ansiedeln. Die benötigen die Fische, um im Aquarium gut leben und sich wohlfühlen zu können. Das kann **2 bis 3 Wochen** dauern.
- Natürlich muss man Fische auch füttern, am einfachsten geht das mit **Fischfutter**, das man kaufen kann. Man muss aber darauf achten, dass man nicht zuviel Futter reingibt, damit es sich nicht am Boden sammelt und das Wasser **schlecht werden** lässt.
- Man muss darauf achten, dass im Aquarium regelmäßig das Wasser **gewechselt** wird. Je kleiner das Becken ist, umso häufiger muss man das tun. Bei einem kleinen Becken einmal in der Woche. Allerdings darf man immer höchstens **ein Drittel** des Wassers erneuern!
- Nicht alle Fische können im selben Aquarium gehalten werden, denn es gibt Süßwasser- und **Salzwasserfische**, es gibt aber auch Fische, die sich gegenseitig **auffressen** würden. Fische sollten übrigens nicht einzeln, sondern mindestens zu dritt gehalten werden.

KOHL VERLAG LAPBOOK HAUSTIERE Verschiedene Haustiere kreativ erarbeiten – Bestell-Nr. 12 883